Hirnermüdung mit Kapazität

Anna Hamström

Hirnermüdung mit Kapazität

Ein Buch für Sie als Chef, Personalchef oder wenn
Sie jemanden kennen, der an Gehirnermüdung
leidet.

Hamstream

Titelbild: Lektörhead

Übersetzung aus dem Schwedischen durch eine Bekannte

Die Originalausgabe erschien unter dem Titel: Hjärntrött med
kapacitet, 2018, Schweden

Copyright © 2018, © 2020, Anna Hamström

Verlag: Hamstream, Norrköping, Schweden, www.hamstream.se

Buchdruck: BoD – Books on Demand, Norderstedt, Deutschland

ISBN: 978-91-519-6175-0

Vorwort

Ist es möglich, dass eine Person, die an Gehirnermüdung leidet, zur Arbeit zurückkehrt? Wie gehe ich mit einer solchen Person um? Wie wirkt sich die Gehirnermüdung auf den Alltag aus? Wie lange hält sie an? Dies sind Beispiele an Fragen, die ich in diesem Buch beantworten möchte. Ausgangspunkt ist eine Person, die auf dem Weg zur Wieder-eingliederung bei der Arbeit ist, nachdem sie an Hirnermüdung erkrankte. Der Hauptfokus liegt bei der Vermittlung von Wissen über die Gehirnermüdung und dem Erteilen von Ratschlägen, wie Führungs-kräfte, Personalverantwortliche, Kollegen, Freunde und Angehörige handeln sollten, damit ein Wiedereinstieg für Betroffene möglich wird.

Natürlich gibt es auch Tipps für Direktbetroffene, welche einen wichtigen Bestandteil des Kontexts sind.

Alles basiert auf meinen eigenen Erfahrungen, diese besondere Reise gemacht zu haben mich zurück ins Berufsleben begab, und wie man als Gehirnmüde auf lange Sicht nachhaltig wird.

Inhaltsverzeichnis

I

III

Leseanweisung

Teil 1 enthält die Beschreibung einer Hirnermüdung – gut zu lesen, um das eigene Wissen zu erweitern.

Im Teil 2 sind Ratschläge, die sich an verschiedene Interessengruppen richten, je nachdem, in welcher Rückkehrphase der Betroffene steckt – gut als Nachschlagewerk.

Teil 3 befasst sich mit weiteren Aspekten des Lebens mit Hirnermüdung, meine eigene Reise und dem, was man tun kann, um sein Gehirn zu pflegen.

Durch diese Anordnung kann es zu Wiederholungen kommen, da der Gedanke besteht, es unabhängig zu lesen oder auch nur einzelne Kapitel auszuwählen.

Einführung

1 Für wen wurde das Buch geschrieben?

Dies ist ein Buch für diejenigen, welche an Hirnermüdung, oder auch geistige Erschöpfung genannt, interessiert sind. Ich wende mich speziell an Führungskräfte und Personalverantwortliche; aber auch Kollegen, Familienmitglieder und Freunde spielen in diesem Zusammenhang eine wichtige Rolle. Daher ist es ratsam, dass auch sie dieses Buch lesen. Es dauert lange, bis jemand, der betroffen ist, herausfindet, wie alles unter neuen Bedingungen funktioniert. Deshalb wende ich mich ebenfalls an die Direktbetroffenen.

Mein Wunsch ist es, das Wissen über Hirnermüdung, insbesondere an Arbeitsplätzen, zu erweitern und die Bedeutung guter Bemühungen hervorzuheben, wenn ein Betroffener wieder seine Stelle antritt. Ich möchte das Verständnis verbessern, was es bedeutet, an Hirnermüdung zu leiden, und was man genau tun kann, um mit der Situation gut umzugehen. Natürlich ist nicht jedes Individuum gleich und die Erschöpfung des Gehirns kann von Person zu Person variieren. Aber die Symptome scheinen ähnlich zu sein wie die, mit denen ich persönlich gesprochen habe.

Der Hauptfokus liegt darauf, dass einer betroffenen Person den Wiedereinstieg ins Arbeitsleben gelingt und was dafür notwendig ist. Hoffentlich kann aber auch ein Betroffener, welcher keinen Job hat, Tipps für sein Leben und den zukünftigen Beruf finden.

Das Material basiert auf meiner eigenen Erfahrung, wie es ist, hirn-ermüdet zu sein und wieder ins Berufsleben zurückzukehren, und was es braucht, um mein Gehirn beständig zu machen. Der Inhalt des Buches ist nicht aus wissenschaftlicher Sicht geschrieben. Daher gibt es kein Richtig oder Falsch, wahr oder gelogen. Aber es gibt eindeutig Dinge, die für einen

Hirnermüdeten angemessen oder ungeeignet sind. Vielleicht ist jedoch die Perspektive - wie es ist, im Alltag mit Gehirnermüdung zu leben - die wichtigste Perspektive. Tatsächlich ist es die Person, welche es erlebt, die weiss, wie es wirklich ist. Ratschläge wie genau Sie, liebe Leser, handeln können, sind in spezifischen Kapiteln gesammelt. Halten Sie sich gut daran. Selbst-verständlich sollten Sie sich an die aktuelle Situation anpassen und Ihren Weg nach vorne finden. Ich sage:

- Herzlichen Glückwunsch an Sie, dem Vorgesetzten. Hier finden Sie Ratschläge zum Umgang mit Personen, die an Hirnermüdung leiden.

- Herzlichen Glückwunsch an Sie, dem Personalverantwortlichen. Hier finden Sie Ratschläge, wie genau Sie die an Hirnermüdung leidende Person unterstützen können.

- Herzlichen Glückwunsch an Sie, welcher jemanden kennt, der betroffen ist. Kollege, Familie oder Freund. Manchmal ist es schwierig zu wissen, was zu tun ist, wenn jemand, den Sie kennen, betroffen ist. Ich biete Ratschläge.

- SIE, welcher selbst direkt betroffen sind, werden wahrscheinlich viel in diesem Buch erkennen. Sie sollten wissen, dass Sie nicht allein sind. Die Lebenssituation ändert sich erheblich und ich teile gerne mit Ihnen meine Ratschläge, wie Sie weitermachen (überleben ☺) und die neuen Bedürfnisse und Fähigkeiten sehen können.

2 Von wem wurde das Buch geschrieben?

Ich habe einzelne Verwandte, die an Hirnermüdung leiden. Selber erkrankte ich an einem Gehirntumor mit nachfolgender Hirnermüdung. Ich sprach mit anderen Betroffenen und las viel über dieses Gebiet. Meine gesammelten Erfahrungen aus ungefähr 20 Jahren finden Sie in den folgenden Kapiteln.

Hätte es damals dieses Buch gegeben, als ich den Rückweg ins Berufsleben wagte, so hätte es mir und meinem Arbeitgeber den Wiedereinstieg erleichtert. Aber ich fand kein solches Buch. Jetzt existiert es und ich hoffe, es wird Ihnen nützliche und anwendbare Informationen geben.

Teile meines wichtigsten Organs sind verloren. Teile, welche die Grundlage repräsentieren, wie ich funktioniere. Es hat einige Leiden verursacht, da nicht mehr alles selbstverständlich gelingt wie zuvor. Ich habe eine geistige Müdigkeit, welche sich bemerkbar macht; aber ich glaube nicht, dass ich deshalb dumm geworden bin. Im Gegenteil, nach 20 Jahren Gehirnermüdung bin ich klüger als je zuvor, und ich habe dadurch viel über die Art und Weise gelernt, wie Menschen sind und handeln, sowie über meine eigene Funktionsweise. Glauben Sie es oder nicht, aber trotz gewissen Problemen mit meinem Arbeitsgedächtnis:

ICH BIN IMMER NOCH SCHLAU!

Manchmal fragt mich jemand, wie es mit meiner Krankheit sei. Welche Krankheit? Ich sehe Gehirnermüdung nicht als Krankheit an. Für mich ist es ein Zustand, welcher mich nicht die ganze Zeit perfekt arbeiten lässt.

Aber wer ist eigentlich perfekt und wer entscheidet das?

3 RÄTSEL: Was wissen Sie über Hirnermüdung?

Woran denken Sie, wenn Sie das Wort Hirnermüdung hören?

Was denken Sie, wenn Sie das Wort Behinderung hören? Ehrlich?

Sind Sie bereit, Ihre Werte zu überprüfen?

Kreisen Sie, die für Sie zutreffende Antwort ein. Mehrnennungen sind möglich.

1. Hirnermüdung ist dasselbe wie:
   A. Geistige Erschöpfung
   B. Zustand nach extremer Ermüdung
   C. Müdigkeit

2. Hirnermüdung kann entstehen durch:
   A. Schädelverletzung, Hirnerschütterung, Schlaganfall
   B. Bestimmte Krankheiten
   C. Erschöpfung / Burnout

3. Welche Symptome treten häufig bei der Hirnermüdung auf?
   A. Energiemangel
   B. Konzentrationsprobleme
   C. Empfindlichkeiten gegenüber Reizen, wie Licht und Lärm

4. Hirnermüdung kann u.a. ausgedrückt werden durch:
A. Nur schlafen zu wollen
B. Grosser Unterschied zwischen Wachsamkeit und extremer Müdigkeit
C. Schlaflosigkeit

5. Gehirnermüdung wird gelindert / geheilt durch:
A. Aktive Ruhe
B. Schlaf
C. Gar nicht

6. Eine hirnermüdete Person:
A. Hat noch sein Wissen
B. Hat noch sein Talent
C. Hat noch immer seine grundlegende Persönlichkeit

7. Was kann der Arbeitgeber am besten tun, um eine Person zu unterstützen, die an Hirnermüdung leidet?
A. Arbeitszeiten anpassen
B. Arbeitsinhalte anpassen
C. Arbeitsumgebung anpassen

Beantworten Sie die Fragen 1 bis 7. Haben Sie alle Optionen in Erwägung gezogen? Herzlichen Glückwunsch - Sie haben gute Kenntnisse über Gehirnermüdung.
Haben Sie nicht alle Optionen gewählt? Nun ja, nachdem Sie das Buch gelesen haben, werden Sie mehr darüber wissen.

Teil 1

Fakten und Erfahrungen zur Hirnermüdung

4   Hirnermüdung, was ist das?

Ich gebe hier eine kurze Beschreibung, was Gehirnermüdung ist und wie sie sich ausdrückt.

Gemäss "När hjärnan inte orkar – om hjärntröthet" ("Wenn das Gehirn nicht zurechtkommt - über Gehirnermüdung") von Birgitta Johansson und Lars Rönnbäck, Recito förlag AB 2014, findet man folgende Symptome bei der Hirnermüdung:

Typische Symptome:

- Ungewöhnlich schneller Verlust an geistiger Energie während der Denkarbeit

- Ungewöhnlich lange Erholungsphase der mentalen Energie nach der Erschöpfung

- Im Laufe der Zeit schlechtere Konzentrationsfähigkeit

- Die Gehirnermüdung variiert - oft ist es morgens besser und später am Tag schlechter, einschliesslich der Variation zwischen den Tagen

Ausserdem oft:

- Gedächtnisprobleme

- Antriebsschwierigkeit bei Aktivitäten

- Empfindlichkeit und Reizbarkeit

- Schlafprobleme

- Ton- und Lichtempfindlichkeit

- Stressanfälligkeit

- Kopfschmerzen, wenn man zu viel getan hat

Leider ist Gehirnermüdung heutzutage weit verbreitet. Berichten (Quelle Johansson/Rönnbäck) zufolge leben in Schweden etwa 200'000 Menschen mit dieser Krankheit. In der Schweiz erleiden jedes Jahr mehr als 22'000 Personen eine Hirnverletzung. Wie viele davon an Hirnermüdung leiden, wird leider nicht statistisch festgehalten. Die Hirnmüdigkeit beruht auf einer Kopfverletzung, z.b. durch einen physischen Schlag am Kopf, einem Gehirntumor oder einem Schlaganfall. Sogar Menschen, die längere Zeit an Erschöpfung und Stress leiden, können ähnliche Symptome haben. Einige Krankheiten, die das Nervensystem betreffen, können ebenfalls zur Hirnermüdung führen.

Ebenfalls gut zu wissen ist, dass nicht alle Hirnschäden zur Hirnermüdung führen. Einige Menschen erholen sich vollständig, während andere unter langfristigen Auswirkungen leiden. Es scheint, als ob es keinen offensichtlichen Zusammenhang zwischen der Stärke der Verletzung und dem Ausmass der Hirnermüdung gibt. Bereits eine leichte Gehirnerschütterung kann manchmal zu einer erheblichen Erschöpfung des Gehirns führen.

Hirnermüdung wird auch als geistige Müdigkeit oder Fatique bezeichnet. Es ist eine Diagnose, welche von Ärzten gesetzt wird und es ist **lebensverändernd**. Das beinhaltet Energiemangel und schnelle Erschöpfung im Denken. Das Hirn schaffte es nicht, Informationen auf die gleiche Weise wie zuvor zu sortieren und zu verarbeiten. Was früher einfach zu handhaben war, scheint nun unmöglich zu sein. Das können gewöhnliche Aktivitäten sein, wie Fernsehen, Radio hören, Auto fahren, ein Buch lesen oder mit Menschen sprechen, was nun zu viel Kraft erfordert. Es kann schwierig sein, sich zu konzentrieren, insbesondere den Fokus länger auf etwas zu legen. Viele Reize, viele Eindrücke in kurzer Zeit zu erhalten, ist mühsam zu handhaben und kann das Gehirn vollständig erschöpfen. Die Energie nimmt schnell ab und es gibt kein Reservekapazität. Das Vermissen der Reservekraft ist ein merklicher Unterschied zum Haben. Wenn die Kräfte zu Ende sind, dann sind sie es wirklich, man kann nicht weiterfahren, womit man sich beschäftigte. Es gibt keine Kraft, nicht einmal den geringsten Kraftimpuls. Die Denkträgheit ist offensichtlich und es braucht Zeit, bis ein Gedanke erfasst wird. Es ist ein gewaltiger Unterschied, wie die Gedankengänge früher vorbeiflitzten. Wie beschreibt man es, wie es sich anfüllt, für jemanden, der es noch nie erlebt hat? Als bildlicher Ver-gleich: Ein Gedanke fliesst durch ein Sieb, welches zu kleine Löcher hat. Ein wenig kommt gleich durch, aber man muss warten, bis alles durchrinnt. Es gibt einen Stau, wenn ein Gedanke nach dem anderen folgt, und die Löcher im Sieb verstopfen. Gedanken in der Warteschlange laufen Gefahr zu verschwinden, da es schwierig ist, sie zu behalten, solange man wartet, dass frühere Gedanken die Löcher passieren und klar werden. Ich erinnere mich, dass ich in der ersten Zeit das Gefühl hatte, „nicht denken" zu können. Das ist eine sehr seltsame Erfahrung, die jenseits vom gewöhnlichen liegt. Es kann mir immer noch passieren, aber glücklicherweise geschieht das nicht mehr so oft.

Wenn ein Gedanke es schwer hat, anzukommen, versucht das Gehirn ihn über andere Wege zu schicken, welche mehrere Hirnzellen mit demselben Gedanken beschäftigt. Dies funktioniert eine Weile gut, bis es auch dort Warteschlangen gibt, gefolgt von der Langsamkeit im Denkprozess und schlussendlich einem völligen Denkstillstand. Ich erlebe es so, als ob das Hindernis in der Kommunikation des physischen Gehirns liegt und nicht darin, träge oder dumm zu sein, obwohl andere Leute meine Symptome als solche erleben. Das Gehirn braucht mehr Zeit.

Es ist stressig, seine Botschaft nicht teilen zu können, wenn man weiss, was man könnte und vielleicht sogar in einigen Bereichen grössere Kenntnisse hat als andere. Ein paar Wörter kommen auf einmal wieder; doch die Fähigkeit, klar zu beschreiben, was man sagen möchte, ist nicht immer vorhanden. Legt man dann Druck auf die Leistung, überwältigt einem das Gefühl, nicht gut genug zu sein. ABER, erhält man mehr Zeit, kommt das Wissen hervor. Wenn ich mich gut ausdrücken möchte, funktioniert es für mich besser zu schreiben, als zu sprechen. Das Schreiben geht langsamer und das Gehirn kann Schritt halten. Ausserdem habe ich Zeit, den Wortlaut an-zupassen. Etwas aufzuschreiben beinhaltet auch, keine Energie für das Erinnern aufzuwenden, bei Bedarf jedoch kann ich es leicht finden. Per SmS oder E-Mail zu antworten ist bei Gelegenheit besser als der direkte Kontakt.

Plötzlich Müdigkeit ist frustrierend zu hantieren. In einem Moment ist man konzentriert, einen kurzen Zeitpunkt später, versteht man den Zusammenhang nicht mehr. Man kann unter Übelkeit, Kopfschmerzen und einer fast lähmenden Ohnmacht leiden. Ein Neuropsychologe benannte dies als „grosse Ermüdbarkeit".

Das Aufladen der Energie dauert lange. Es reicht nicht mit einer Nacht Schlaf. Es braucht mehrere Tage, manchmal Wochen, bis man die Gedankenenergie wieder erhöht hat. Nicht zu mögen, bedeutet totaler Mangel an Kraft. Es hat nichts damit zu tun, es nicht zu mögen im Sinne von ein wenig träge zu sein.

Bei Kopfschmerzen helfen übliche ParacetamolSchmerztabletten schlecht.

Oft ist Tinnitus im Gesamtbild vorhanden und wenn er anhält, dann stört er alles, wozu man das Hirn braucht.

18

Bei den Symptomen, die man hat, bleiben manchmal auch Beschwerden vom eigentlichen Hirnschaden zurück. Es ist oft üblich, dass man im Zusammenhang mit einer Hirnermüdung von Depressionen befallen wird. Deprimiert zu sein ist jedoch nicht dasselbe wie hirnermüdet. Es kann schwierig sein, zu unterscheiden, was was ist. Die Hirnermüdung bleibt zurück, wenn die Hirnverletzung verheilt ist.

Wer einfach müde ist, ist also nicht hirnermüdet. Ich denke, es ist wichtig, dies zu beachten, da mir aufgefallen ist, dass einige Leute das Wort Hirnermüdung in dem Sinne verwenden, dass Sie sich gestresst fühlen und nicht mit ihren Aufgaben nachkommen. Man ist nicht hirnermüdet, weil das Leben im Allgemeinen schwer ist. Eine solche Müdigkeit kann mit einer grossen Dosis Schlaf behoben werden. Hirnermüdung aber heilt man nicht mit Schlafen.

Zusammenfassend leidet eine an Hirnermüdung erkrankte Person an grosser Erschöpfung, vermisst die Reservekraft, wird in grösserem Masse durch Reize beeinflusst, Stress und Undeutlichkeit. Man braucht mehr Zeit, um Informationen zu bearbeiten, mehr Ruhe als gesunde Menschen, benötigt längere Erholungsphasen und es zwingt einem in ein neues Lebensmuster mit Auswirkungen in allen Lebensbereichen.

Trotz allem gibt es noch Kapazität, wenn die Bedingungen gut sind.

„Unterschätze keine hirnermüdete Person.
Gibt es Leben, gibt es Hoffnung!"

5 Ein guter Tag für Hirnermüdete

Ich erwache, ziemlich erholt, gegen 6 Uhr morgens. Mein Tinnitus Level liegt bei 5 auf einer Skala von 1 bis 10, wobei 1 totaler Stille bis 10 absolutes Geräusch entspricht. (Ich lag in den letzten 10 Jahren nie unter dem Level 5). Kleider und Tasche sind für die heutige Arbeit vorbereitet. Ich fahre mit dem Fahrrad und dem Pendelzug, gefolgt von einem kurzen Spaziergang zum Büro und bin gegen 8 Uhr bei der Arbeit. Ich frische mein Gedächtnis für das bevorstehende Meeting auf, indem ich in meine vorbereitete Tagesordnung schaue und mir das Ziel des Meetings ansehe. Ich passe einzelne Folien in meiner PowerPoint-Präsentation an.

8.30h die Sitzung beginnt. Ich folge meiner Tagesordnung und wir abreiten Punkt für Punkt durch. Das Meeting endet um 10h. Wir kamen genau bei dem Traktandum an, wo ich wollte. Ich mache eine kurze Pause, etwa fünf Minuten, esse eine Banane und gehe zurück in mein Büro. Ich schreibe meine Notizen ins Reine und verschicke sie allen Beteiligten. Mails lesen und beatworten. Dann mache ich Support für IT-Tools. Ich suche einige Benutzer und biete Unterstützung an. Von ihnen erhalte ich positive Resonanz für meine Hilfe. Mein Tinnitus Level liegt bei 7, verbrauchte Aktivitätspunkte bei 3 (mehr Informationen über die Punkte sind im Kapitel Aktivitätspunkte zu finden).

Ich bereite zwei Sitzungen für den nächsten Tag vor. Eine leite ich selbst, an der anderen nehme ich nur teil. Die Unterlagen lesen, einen Plan entwerfen, sowie die Tagesordnungen, dann PowerPoint-Folien entwerfen, mit meinem Chef die Punkte abstimmen. Bald Mittag, Zeit, um nach Hause zugehen. Mein Tinnitus Level liegt bei 8.

Nun zum Pendelzug spazieren, in einem ruhigen Zugsabteil die Augen schliessen, mich kurz ausruhen, nach Hause radeln. Tinnitus Level: 9, verbrauchte Aktivitätspunkte: 5.

Ich esse zu Mittag, lege mich danach hin. Nach einer Stunde erwache ich, mache mir eine Tasse Tee, blättere in einer Zeitung, löse Kreuzworträtsel. Mein Tinnitus Level liegt bei 6.

Yoga vor dem Fernseher, ein Buch lesen, die Zeit zu Hause verbringen, einen kurzen Spaziergang machen und schon ist Abend.

Mein Tinnitus Level klettert auf 8, verbrauchte Aktivitätspunkte 7. Noch deren drei bleiben übrig, also bleibt Platz für mehr. Ein guter Tag!. Ich werde herrlich schlafen.

6 Ein schlechter Tag für Hirnermüdete

Ich erwache um 6 Uhr. Mein Tinnitus Level liegt bei 5. Ich fahre mit dem Fahrrad und dem Pendelzug, gefolgt von einem kurzen Spaziergang zum Büro und bin gegen 8 Uhr bei der Arbeit. In meinem Supportbrieffach liegen zehn unbeantwortete Anfragen. Ich habe knapp Zeit, diese zu lösen, bevor ich zu einem Meeting gebeten werde, ohne eigentliche Traktanden und zu der ich keine offizielle Einladung erhielt. Ich werde direkt gefragt, was vor einigen Tagen passiert ist. Ich kann mich nicht erinnern, suche nach Notizen, während die Konversation in der Gruppe weitergeht. Ich finde es schwierig dem Gespräch zu folgen und gleichzeitig meine Notizen durchzusehen. Schlussendlich finde ich sie, versuche zu erklären, stolpere aber über die Worte und höre, wie ich klinge, als ob ich gar nichts wüsste. Das frustriert mich.

Neue Ideen tauchen auf und man kann nicht warten, da sie genau jetzt umgesetzt werden müssen, direkt und unmittelbar. Ich erkläre, dass man sie lösen könnte, aber dass es etwas Zeit bräuchte. Zeit, die man mir nicht geben will. (Seltsam, dass genau diese Bedürfnisse jetzt gestellt werden, obwohl man sie schon in früheren Diskussionen hätte einbringen können. So hätte ich sie mit genügend Zeit geplant und dafür Lösungen bereit gehabt). Ich muss alle anderen, bereits eingeplanten Arbeiten verschieben, mehrere Kollegen anrufen, welche dadurch involviert sind, um zuerst dieses Problem zu lösen. Das neue Problem kreist in meinem Kopf, während ich das Meeting verlasse.

Ich buche ein paar rasche Treffen. Glücklicherweise haben wir die richtigen Leute und innerhalb einiger Tagen lösen wir das Problem vorübergehend. Aber auf langzeitlich ist es keine haltbare Lösung. Wir buchen weitere Besprechungen, um den angemessenen Weg zu definieren. Und danach wiederholen wir alles. Andernfalls wird es unmöglich das Ergebnis auf die Länge zu halten.

Das Telefon klingelt mehrmals wegen unterschiedlichen Fällen. Ich switche zwischen verschiedenen Aufgaben und Computerprogrammen hin und her. Alle für heute geplanten Arbeiten müssen vorangebracht werden. Ich schaffe es nicht, mich auf die morgigen Sitzungen vorzubereiten. Mit dem Ergebnis, dass es mir schwerfallen wird, sie zu leiten. Ich vermag sie heute Abend nicht vorzubereiten. Ungelöste Supportfälle, inzwischen 30, und eine unbekannte Anzahl ungelesener/unbeantworteter E-Mails.

Tinnitus Level: 10; verbrauchte Aktivitätspunkte: 14. Die Mittagspause ist schon längst vorbei. Ich muss nach Hause, muss schlafen! Ich gehe nach Hause. Mein Aktivitätsniveau liegt bei 16. Ich esse zu Mittag, lege mich hin, kann nicht schlafen, ruhe ein wenig aus. Tinnitus Level: 10; verbrauchte Aktivitätspunkte: 16. Ich bin nicht im Stande, heute Abend das Konzert meines Sohnes zu besuchen.

Es braucht eine Weile, bis ich einschlummere und der Schlaf wird nicht erholsam sein. Dieser Vormittag wird sich auf mehrere Tage auswirken.

7 Eine versteckte Behinderung

Wer mit eingegipstem Bein an Krücken geht, bekommt unmittelbar Hilfe, wenn er in den Bus einsteigt. Ein Knochen verheilt innerhalb wenigen Wochen und die Person wird gesund. Eine Person mit Hirnermüdung kann nicht mit Hilfe rechnen oder auch nur mit dem Verständnis, welche Probleme man in derselben Situation erlebt. Mit dem Bus zu fahren, kann richtig mühsam sein. Man setzt sich dem Lärm, Vibrationen, Gerüche, Gedränge und vielen Sinneseindrücken aus. Dennoch muss man die Zeit und Destination im Griff haben.

Hirnermüdung verschwindet nicht und die Empathie, welche Menschen gewöhnlich empfinden, wenn sich jemand verletzt, sinkt nach gewisser Zeit. Die Leute ermüden einfach, das muss man verstehen.

Man muss selbst die Verantwortung übernehmen, um sein Leben als Gehirnermüdeter zu gestalten. Man muss sich damit abfinden, sich selbst nicht wieder zu erkennen, und dass die Leute einem nicht mehr wirklich kennen, wie man früher war. Vielleicht haben sie auch, aufgrund meines Verhaltens, eine andere Ansicht als zuvor. Vieles davon passiert im Verborgenen. Eine versteckte Behinderung ist nicht nur unsichtbar, sogar der Umgang mit dem neuen Leben liegt größtenteils im Verborgenen. Gesund aussehen heisst nicht, dass man es auch ist. Gehirnermüdung ist äusserlich zwar nicht sichtbar, für die Betroffenen jedoch äusserst spürbar.

8   Folgen einer Hirnermüdung

Die Erkrankung der Gehirnermüdung hat reichliche Folgen. Die meisten davon werden als negativ eingestuft. Hier ist eine Auswahl davon:

An Hirnermüdung zu leiden, beinhaltet den Verlust an Denkkapazität, die Fähigkeit komplexe Aufgaben zu lösen und möglicherweise Teile des Erinnerungsvermögens. Ich bemerke dies, wenn mehrere logische Gedanken aufeinandergestapelt werden sollten, um ein Ergebnis zu erzielen, bei dem es erforderlich ist, mehrere Teilergebnisse im Kopf zu behalten, gleichzeitig sollten Vor- und Nachteile abgewogen werden, um den optimalen Weg zur Lösung zu finden. Noch schwieriger wird es, wenn dies in einem Dialog oder gar einem Gruppengespräch geschehen soll. Kann man der schnellen Diskussion nicht richtig folgen, fühlt man sich ausgeschlossen. Nicht jeder versteht, dass ich mehr Zeit und Post-it-Zettel oder meinen Notizblock brauche, um die Teilergebnisse zu sammeln. Wenn ich das gesamte Material vor mir sehe, kann ich mir den Überblick verschaffen, den ich brauche, ohne das Gedächtnis allzu stark zu belasten. Das ermöglicht mir, alles besser zusammen zu halten.

Die Karriere erleidet ein Knockout. Man wird wahrscheinlich nicht für grössere Fortschritte auf dem neuesten Stand sein oder in der Führungshierarchie aufsteigen. Es ist traurig, als nicht vollwertig gezählt zu werden. Man liegt schlecht bei Gehaltsverhandlungen und vielleicht muss man mit einem Teilzeitgehalt auskommen. Ich spüre diesen K.o.-Schlag sehr deutlich. Mit dem Halbzeitpensum ist es unmöglich, Schritt zu halten, wie zuvor; selbst, wenn man möchte. Ich werde nicht mehr nach Dingen befragt. Das ist tragisch, zumal ich weiss, dass ich sehr viel Wissen habe. Wie ich am Arbeitsplatz behandelt wurde, ist unterschiedlich. Meistens war es gut, aber manchmal liess es mehr zu wünschen übrig. Von einem Knockout in der Karriere kommt man nicht mehr weg.

Dass der beste Teil des Körpers nicht mehr so funktioniert wie zuvor, ist ein großer Verlust. Der sogenannte Status, welchen man als Gesunder hatte, ist weg. Deshalb mit anderen Augen betrachtet zu werden, stört das Selbstwertgefühl. Es sticht ins Herz, in bestimmten Momenten, die eigene Brillanz nicht mehr zeigen zu können. Manchmal, wenn man bei der Arbeit (oder in der Freizeit) an etwas dran ist, das sich wichtig anfühlt, muss man abbrechen, es an eine andere Person übergeben, obwohl die Aufgabe noch nicht gelöst ist. Dies fühlt sich sehr unbefriedigend an. Gerade so, als ob ich mich davonschleichen wollte, weil es zusammengebrochen war. Aber so ist es überhaupt nicht. Ich muss meine Gesundheit an erste Stelle setzen, sonst wird es langfristig noch grössere Auswirkungen auf meine Arbeit haben.

Die Erschöpfung folgt viel schneller als vor der Gehirnermüdung; die Decke hängt tiefer und wenn man daran stösst, wird der Schlag mit jedem Mal stärker. Die Herausforderung besteht darin, es zu erkennen, bevor sich die Grenzen nähern. Das ist heikel, da sie sich ständig ändern. Ich habe gelernt, wenn ich zwischendurch auf meinen Tinnitus Level höre, weiss ich, wie nahe ich den Grenzen bin, und dass ich zu viel getan habe. Für manche ist es angenehmer, nicht an den Tinnituslaut zudenken, da er ziemlich irritierend ist, aber für mich wirkt das Tonniveau als Warnglocke.

Die Fähigkeit, an sozialen Kontexten teilzunehmen, nimmt drastisch ab und einige Freunde verschwinden. Man trauert um sein altes Leben und die Geselligkeit. Vielleicht liegt es an mir, dass wir uns nicht mehr sehen, weil ich sie nicht mehr so oft zu mir nach Hause einlade. Oder es liegt daran, dass sie denken, es sei nicht mehr so spassig, wenn wir nicht mehr wie einst miteinander umgehen können. Das Zusammensein ist schön, erfordert aber viel Gehirnkapazität, womit ich haushalten muss. Glücklicherweise sind noch einige Freunde da. Vielleicht sind sie die wahren Freunde. Erwähnenswert ist, dass es hauptsächlich Menschen sind, die selbst auf die eine oder andere Art etwas Tragisches erlebten. Vielleicht haben sie ein besseres Verständnis dafür, dass das Leben die Richtung ändern kann. Menschen, die grosse Dinge durchmachten, sind meiner Meinung nach auch die interessantesten.

Es ist schade, nicht mehr so viel reisen zu können. Die Reisen werden auch teurer, weil man Zwischenstopps einlegen und somit mehr Nächte im Hotel bezahlen muss. Wenn wir für eine Skiwoche in die Berge fahren, müssen wir auf halber Strecke eine zusätzliche Übernachtung beim Hin- und Rückweg einplanen, um die lange Autofahrt einzuteilen. Wenn ich einen Kurs oder andere Aktivitäten in Stockholm habe, muss ich spätestens am Abend vorher fahren, um die Anstrengung am Morgen vor dem Lehrgang zu vermeiden. Es kann vorkommen, dass ich nach dem Kurs für eine Erholungsnacht bleiben muss. Ich muss die ganze Zeit planen, um so wachsam wie möglich bleiben zu können, wenn meine Aufmerksamkeit gebraucht wird.

Die Ausführung von Freizeitsinteressen kann schwieriger sein. Es macht mich grantig, wenn ich tolle Sachen weg priorisieren muss. Ich liebe es zu segeln und mache es, so oft ich kann und mag. Auch hier muss ich an mich denken. Wieviel und wie lange vermag ich es jetzt zu tun und reichen meine Kräfte auch für die Aktivitäten des Vortags und des Tags danach?

Die familiäre Situation betrifft es stark, sowohl für den Hirnermüdeten wie auch für die Angehörigen. Es tangiert Aktivitäten, die man zuvor erledigte: Haushaltsaufgaben müssen neu zugeteilt werden, Verantwortlichkeiten werden geändert und der Schallpegel muss gedämpft werden. Zu Beginn war es mir z.B. unmöglich, Einkäufe zu planen und zu kochen. Nach einer gewissen Zeit wurde es viel besser. Aber das Packen von Taschen bleibt noch immer anstrengend. Das Herumchauffieren von Familienmitgliedern zu unterschiedlichen Aktivitäten fiel nun hauptsächlich auf meinen Mann. Für alle zu reichen, einschliesslich meinem Partner war wirklich nicht einfach und es erforderte grosse Anpassung und den Willen der Nächsten, besonders in den ersten Jahren, aber auch langfristig.

Auf die Länge kann ein Bewusstsein dafür geschaffen werden, was vernünftig ist. Man wird besser darin, nein zu sagen. Doch es braucht Übung, vor allem, wenn man früher nie nein sagen konnte.

Man kann empfindlicher auf Stress und Druck reagieren. Stress kennen alle, so ist es leicht, dies zu erklären. Aber die Vereinfachung des Bildes von der Gehirnermüdung bei Stress ist nicht das primäre Symptom, sondern eine Konsequenz auf andere mitwirkende Faktoren in der Umwelt.

Wahrscheinlich wird man empfindlicher gegenüber subtilen Signalen, welche man nutzen kann. Man bemerkt einfach mehr Dinge, weil man es schwer hat, etwas auszuschliessen. Ich bemerke häufig viel mehr von dem, was passiert, als manche in meiner Umgebung. Es bezieht sich um, Informationen aufzunehmen, die Stimmungen anderer zu spüren, zu wissen, wie Menschen auf die Ereignisse reagieren und was funktionieren wird oder nicht.

Es ist nicht ungewöhnlich, dass man sich mehr für Medialität und Heilung interessiert. Als Betroffener ist man anfälliger, seine alten Überzeugungen in Frage zu stellen und bereit, das meiste zu versuchen, um Erleichterung zu erlangen.

Man schätzt Dinge mehr als zuvor und auf andere Weise. Natürliche Phänomene wie das Einschlafen, wenn man müde ist, sind nicht mehr offensichtlich, jedoch etwas, das man wirklich schätzt. Etwas zu bewältigen, was man mag, schätzt man umso mehr, da es nie sicher ist, ob man es jedes Mal schafft. Das Erreichen des gleichen Leistungsniveaus wie zuvor ist nicht selbstverständlich. Wahrscheinlich funktioniert das nicht. Zufrieden zu sein, mit dem, was man trotz allem noch leistet, kann man lernen, auch wenn man es nicht möchte. Und es gibt andere Werte als 120% zu erreichen. Mindestens so wichtig ist es, einfache Dinge im Leben zu geniessen!

Spontane Ideen müssen unbedingt berücksichtigt, bewertet, priorisiert und geplant werden, bevor sie möglicherweise umgesetzt werden können. Dies gilt auch für einfache Dinge wie einen Kinobesuch.

Allmählich lernt man, Dinge aus einer anderen Perspektive zu sehen und Kraft in einfacheren Freuden zu sammeln. Es ist unnötig, den Mut zu verlieren. Es gibt viel Positives zu erleben und um sich zu widmen. Es ist möglich, sich mit der Situation zu versöhnen und froh zu sein, dass es nicht schlimmer ist. Ich bin eine Meisterin geworden, Dinge umzukehren:

Einerseits ist es so… 🙁, aber andererseits hätte es auch schlimmer sein können. 😊

9   Was sind die Belastungen?

Haben Sie darüber nachgedacht, was Belastung beinhaltet? Es ist mehr, als viel zu tun und Zeitdruck zu haben. Denken Sie 15 Sekunden nach, bevor Sie weiterlesen. ... ... 12, 13, 15 in Ordnung, lesen Sie weiter. Stress beinhaltet Reize verschiedener Art. Als Gesunder werden diese nicht immer notiert, aber für Hirnermüdete werden sie klar.

Eines meiner grössten Probleme mit Hirnermüdung ist, dass das Gehirn eine schlechtere Filterfunktion hat als zuvor. Es kann den Ton eines summenden Ventilators nicht weg filtrieren, ohne ständig alle Informationen zu verarbeiten, als wären sie neu. Wenn es mehr In-formationen gibt als zweckmässig, wird es wirklich schwierig. Es ist ein großer Unterschied zu der vorherigen Funktionsweise des Gehirns, als noch unnötige Geräusche leicht ausgeschlossen werden konnten.

Klangeindrücke treten fast überall auf, wie Lärm in größeren Räumen, viel Gerede am Kaffeetisch, Diskussionen mit vielen Beteiligten. Knisternde und raschelnde Geräusche können im Gehirn gestochen scharf sein. Ganz zu schweigen von der Musik, die uns animieren sollte, mehr in Geschäften einzukaufen, härter im Fitnessstudio zu arbeiten und peinliche Stille in Restaurants zu vermeiden. Wenn man an Hirnermüdung leidet, bemerkt man sofort den Lärmpegel und unterschiedliche Geräusche.

Licht und Wahrnehmung. Starkes oder blinkendes Licht kann sehr mühsam sein. Autofahren im Dunkeln mit ständigen Autolichtern gibt starke Reize. Es hilft nicht einmal, die Augen zu schliessen. Das Fahren während des Tages kann auch anstrengend sein, da viele Informationen über das Visuelle erfolgen.

Teamarbeit kann für einen Hirnermüdeten als sehr anspruchsvoll erlebt werden. Es gibt viele, die an dem Gespräch teilnehmen, und es kann schwierig sein, der Konversation zu folgen. Darüber hinaus kann die Bereitstellung guter Antworten oder Ideen mehr oder weniger als unmöglich angesehen werden. Je grösser die Gruppe, umso schwieriger wird es.

Das Chaos von Leuten, welche „unstrukturiert herumlaufen" (was sie gewöhnlich ja auch tun 😊), z.B. in der Stadt, benötigt Gehirn-energie, um damit umzugehen. Selbst an Arbeitsplätzen kann es als sehr chaotisch empfunden werden, wenn beispielsweise eine Umstrukturierung durchgeführt wird, Vorgesetzte ersetzt, Räumlichkeiten umgebaut werden und Mitarbeiter wechseln.

Auch zu Hause leidet man, anders als zuvor, unter Unordnung. Hat man eine Familie, sind aktive Anstrengungen von deren Seite erforderlich. Im Idealfall sollte jedes Ding seinen Platz haben und dort zu finden sein. Nach Dingen zu suchen macht niemandem Spass, noch weniger für einen Hirnermüdeten.

Fokussieren und Konzentrieren werden lange Zeit mühsam sein. Wenn es schwierig ist, die Gedanken zu sammeln, benötigt es zusätzliche Konzentration. Je länger man mithält, desto schlimmer wird es. Nach einer Weile kann man völlig erschöpft sein. Weiter zu arbeiten, wenn man müde wird, kann zur erheblichen erschöpfenden Belastung führen.

Soziales Zusammenleben in Gruppen guter Freunde kann sowohl bei der Vorbereitung als auch bei den Diskussionen auf das Hirnvermögen zurückgreifen, was intensive Konzentration erfordert.

Wie viele denken daran, dass Ferien tatsächlich negative Auswirkungen auf einen Hirnermüdeten haben können? Da es normalerweise mehr Eindrücke gibt, welche man hantieren muss, wenn man vielleicht ein bisschen herumreist und mehr Zeit mit Menschen verbringt. Die Familie und der Partner haben Erwartungen an den Urlaub, nachdem sie sich vielleicht das ganze Jahr über für die Bedürfnisse des Gehirnermüdeten einsetzten. Und nun wollen sie ihre eigenen Wünsche ergreifen und tolle Aktivitäten geniessen. Der dringend benötigte Urlaub, auf den sich auch ein Hirnermüdeter gefreut hat, ist nun schnell mit vielen Aktivitäten oder unausgesprochenen Erwartungen gefüllt. Niemand möchte den Urlaub für den anderen ruinieren, aber hier ist eine spezielle Vorgehensweise nötig, da sonst die betroffene Person Gefahr läuft, ihre Erholungszeit vollständig zu verlieren und an einer grösseren Erschöpfung als zuvor leidet. Vielleicht macht es Sinn, nicht alle Ferienwochen zusammen zu verbringen und eine Woche zu reservieren, in der alle die Zeit voll und ganz für sich selbst nutzen können.

Das **Einkaufen** von Lebensmitteln kann sehr anstrengend sein. Gewöhnlich sind viele Leute in den Geschäften und es gibt viele Entscheidungen über verschiedene Marken und Qualitäten zu fällen.

Restaurantbesuche bevorzuge ich an einem Montagabend, da die Gastwirtschaft relativ leer ist. An den Wochenenden hat es definitiv zu viel Lärm, Gelächter, sowie Musik und es kann für einen Hirnermüdeten unmöglich sein, in einer solchen Umgebung zu bleiben.

Reisen jeglicher Art. Auf Reisen passiert viel. Es gibt akustische, Licht-, Bewegungseindrücke und es sollten viele Informationen aufgenommen werden. Zeiten, Änderungen, Platznummerierungen, Wartezeiten, Passkontrollen und viele Menschen.

Fernsehen kann, in Bezug auf das Gehirn, extrem anspruchsvoll sein. Können Sie erraten weshalb? Genau das, zu viel Lärm, Licht, Gerede, schnelle Wendungen, um mit dem roten Faden

Schritt zu halten. Wenn Sie nicht schnell genug mitkommt, ermüdet man sein Gehirn unnötig.

„Too much information!"

10 Gibt es eine Behandlung und Heilung?

Bis heute gibt es keine Heilung für Gehirnermüdete, aber eine gewisse Linderung. Diese geht hauptsächlich darum, das Aktivitätsniveau zu senken. Es ist notwendig, das Limit dessen zu senken, was man will und glauben kann. Ich wiederhole: Es bedarf einer höheren Reduzierung der Aktivität, als man will und glaubt! Es gilt eine lebensbeeinflussende Veränderung. Wie viele wollen eine umfassende Veränderung, welche man als negativ empfinden wird? Es ist egal, was man denkt. Die Änderung muss sein. Man muss weniger und in geringerem Masse tun.

Krankheitsurlaub für eine gewisse Zeit ist normal. Man braucht Ruhe. Und eine neue Lebensweise zu finden, geschieht nicht im Handumdrehen. Bei meiner Gehirnoperation mit anschliessender Gehirnermüdung hatte ich das Glück, Hilfe von Ärzten und Neuropsychologen der Neurorehabilitationsklinik des Universitätsspitals zu erhalten. Unter vielen Jahren hatte ich mit ihnen Kontakt, der nun mit der Zeit seltener wird. Sie wissen, wann man das Aktivitätsniveau erhöhen soll und, was noch wichtiger ist, wann man den Aufbau verlangsamen muss, um das Risiko zu verringern, zu viel zu machen. Einige Medikamente können das Gehirn unterstützen.

In Schweden ist die Versicherungskasse ebenfalls an der Rehabilitation beteiligt. Die Kenntnis, was für eine Gehirnermüdung geeignet ist und wie es angewendet werden soll, um langfristig und nachhaltig zu wirken, kann jedoch variieren. Man erhält oft eine gute Beratung, wenn sowohl das Gesundheitswesen als auch die Versicherung an der Planung und Nachbesprechung mit dem Arbeitgeber beteiligt sind.

Der Arbeitgeber spielt eine wichtige Rolle, denn der beste Weg, eine hirnermüdete Person zu rehabilitieren, besteht darin, sie arbeiten zu lassen. Man muss jedoch zuerst die erste Chaosphase überwinden.

In der Schweiz unterstützt die Vereinigung FRAGILE SUISSE Menschen mit einer Hirnverletzung und deren Angehörige.

Ruhe ist natürlich von unschätzbarem Wert und superwichtig. Meditieren ist herrlich, man leert sein Gehirn und ist einfach sich selbst. Sogar Achtsamkeit und Yoga fühlen sich für das Gehirn heilend an. Trainieren, um nichts zu tun, ist eine Herausforderung. Probieren Sie es eine Stunde lang selbst aus, dann werden Sie es verstehen.

Ein Hirnermüdeter braucht lange Erholungsphasen, sowohl nach Tagesaktivitäten als auch aus jährlicher Sicht. Eine langsame Steigerung des Aktivitätsniveaus ist nötig.

Der beste Rat, den ich bekam, war „aktive Ruhe". Nur ausruhen wird langweilig, aber aktives Ausruhen bedeutet, dass das Gehirn ruhen kann, während der Körper etwas tut, das nicht so viel Gehirnkapazität erfordert. Sich um den Garten zu kümmern oder Spaziergänge zu machen, ist eine gute aktive Erholung. Wenn man sich gehetzt fühlt, benötigt es jedoch Übung, um das Gehirn auszuruhen. Es ist nicht selbstverständlich, wie man es machen soll. Es ist nicht vergleichbar mit beispielsweise einer Schnittwunde, welche schmerzt, wenn man versehentlich daran stösst. Verschiedene Regionen des Gehirns können unterschiedlich stark von Hirnermüdung betroffen sein. Doch tut es nicht weh, wenn man auf eine bestimmte Weise denkt. Es ist fast unmöglich zu unterscheiden, was anfangs eine ungeeignete Verwendung ist, jedoch im Laufe der Zeit lernt man, darauf zu achten, wie man auf verschiedene Aktivitäten reagiert. Für mich funktioniert es seltsamerweise sehr gut, Kreuzworträtsel zu lösen. Nach einer Weile mit dem Wortspiel Scrabble ist das Gehirn wacher.

Für diejenigen, die eine Hirnverletzung erlitten, kann es schwierig sein zu wissen, welche Probleme durch die Hirnschädigung und welche durch die Hirnermüdung verursacht werden. Es ist eine Kombination von beidem, was man erlebt. Selbsterkenntnis und das Bewusstsein dafür, was funktioniert und was nicht, entwickeln sich im Laufe der Zeit. Man muss darauf achten, wie man in verschiedenen Situationen reagiert, und dies in die eigene Lebensweise integrieren.

„Um mit Gehirnermüdung umzugehen, muss man sicherstellen, dass das Gehirn jederzeit so ausgeruht wie möglich ist."

11 Risiken auf dem Weg zurück

Das absolut grösste Risiko besteht darin, dass man es zu schnell angeht, wenn man auf dem Weg zurück ist. Sowohl der Betroffene als auch die Menschen in der Umgebung denken, dass man erholt ist, wenn man etwas Gutes leistet. Die Freude, erfolgreich zu sein, kann einen denken lassen, dass man zurück und wieder gesund ist, mit dem Risiko, die Grenzen seiner Fähigkeiten zu überschreiten. Jedes Mal, wenn man abstürzt, dauert es länger, bis man zurückkehrt, und man riskiert, wertvolle Kapazität dauerhaft zu verlieren. Wenn man die Grenze überschritten hat, rechnet man mit einer Erholungsphase von mehreren Wochen oder gar Monaten, die für jemanden, der keine ähnliche Erschöpfung erlebt hat, schwer zu verstehen sein kann. Es besteht die Gefahr, die Fähigkeit einzuschlafen zu verlieren. Landen Sie NICHT hier! Es macht JAHRE lang Sorgen, bevor der Körper wieder in den natürlichen Schlaf zurückkehrt. Ich nahm eine zu anspruchsvolle Aufgabe an, für die ich einige Wochen sehr intensive Arbeit benötigte. Ich dachte immer, dass ich es schaffen würde, und in gewisser Weise tat ich es auch. Aber ich musste teuer dafür bezahlen, weil ich nicht mehr einschlafen konnte. Das Gehirn war vollkommen beschleunigt, weigerte sich jedoch einzuschlafen. Nach 3 Tagen ohne Schlaf konnte ich nicht mehr aufstehen. Dann konnte ich leicht 10 bis 20 Minuten auf einmal schlafen. Völlig unhaltbar. Ich wurde krankgeschrieben. Natürlich habe ich überhaupt nicht gearbeitet und so begann das Experimentieren mit der Schlafmedizin. Das Experimentieren war nicht so einfach, trotz der guten Unterstützung durch die Ärzte. Sicher, einige Medikamente liessen mich einschlafen, aber stattdessen traten verschiedene störende Nebenwirkungen auf. Das Ändern des Medikaments führte zu anderen Nebenwirkungen. Oft war ich rund um die

Uhr total benommen. Andere Medikamente, die dies kompensieren würden, wurden ausprobiert. Neue Medizin gab staubtrockenen Mund, neue Medizin ... und so ging es weiter. Schließlich fanden wir eine Variante, die gut funktionierte. Meine Empfindlichkeit gegenüber Medikamenten hatte zugenommen und es dauerte einige Zeit, bis wir die richtige Dosierung fanden. Ein wunderbarer Arzt rief jeden zweiten Tag bei mir zu Hause an, um die Situation zu überprüfen. Was für eine grossartige Unterstützung auf einem harten Weg. Danke!

Ich dachte, es würde mir gut gehen, sobald ich richtig schlafen konnte und die Schlaffunktion würde bald wieder verfügbar sein - aber nein, es dauerte mehrere Jahre (genau 5), bis ich wieder für meine eigenen Körper einschlafen konnte. Nach vier Monaten jedoch konnte ich anfangen zu arbeiten, aber ach so vorsichtig, dass ich die Zeit einhielt und nicht zu viel machte. Siehe Kapitel Phase Rückschläge.

Fokussiert man sich zu lange und zu intensiv auf eine Sache, überquert man leicht die Grenze, ohne es zu bemerken, bis es zu spät ist.

Es besteht auch das unmittelbare Risiko, dass der Arbeitsplatz die neuen Bedürfnisse nicht versteht. Kollegen, Chefs und Kunden sehen nicht die versteckte Behinderung und wissen nicht, welche Anpassungen vorgenommen werden sollten. Sie kennen auch nicht welche Konsequenzen es beinhaltet, wenn sie einen nur für paar Tage um Überstunden bitten.

Es kommt vor, dass Kollegen eine hirnermüde Person schlecht behandeln, so dass sich die betroffene Person möglicherweise sehr allein fühlt. Es können Andeutungen, Blicke, Gesichtsausdrücke sein, aber auch klar ausgesprochene. Der Grund kann sein, vermute ich, dass man nicht weiss, dass die Person durch die Tatsache gestört wird, dass der Hirnermüdeter nicht alle Fakten über etwas im Arbeitsgedächtnis behalten kann, während er über etwas Neues nachdenkt, dass er nach den Worten fragt oder darüber stolpert.

Wie kann man sich dagegen schützen? Oft wird man so überrumpelt, wenn es geschieht, dass man im Moment nichts sagen kann. Man kann natürlich zurückkommen und fragen, was sie gemeint haben, aber nicht erwarten, dass man deren Meinung ändern könnte. Wenn sie nicht glauben, dass man ausreichend ist, ist es schwierig, das Gegenteil zu beweisen. Am besten ist es, gute Freunde und Kollegen zu haben, einige enge Vertraute, mit denen man Freude im Umgang und der Zusammenarbeit findet. Als hirnermüdeter muss man aufpassen, dass man sich nicht unmöglich macht, da man leider im Nachteil ist. Manchmal ist es am besten zu schweigen, „interessante Meinung" für sich zu denken und weiterzumachen, aber manchmal muss man doch etwas sagen.

Es besteht auch die Gefahr, dass man sowohl bei der Arbeitsverteilung als auch bei Serviceterminen überrannt und umgangen wird, wenn man den Wissensstand der an Gehirnermüdung leidenden Person nicht sieht und glaubt, dass andere es besser machen können.

Wenn man als betroffene Person nicht Vollzeit arbeitet, werden die Dinge entschieden, wenn man nicht da ist. Es ist sehr bedauerlich, wenn der Arbeitgeber die Kompetenz vermisst, die ein Hirnermüdeter eigentlich hat.

12 Bildungsherausforderung

Eine echte pädagogische Herausforderung besteht darin, zu erklären, wie eine hirnermüdete Person funktioniert. Es sind neue Bedürfnisse entstanden und es dauert viele Jahre, bis man selber weiss, wie man arbeitet. Darüber hinaus variiert es im Laufe der Zeit, ein Tag kann gut funktionieren, der nächste nicht. Einige Teile des Gehirns sind möglicherweise weniger betroffen als andere, welches bewirkt, dass einige Aktivitäten weniger Müdigkeit verursachen.

Das Gehirn arbeitet bei gesunden Menschen, ohne dass sie darüber nachdenken. Sie glauben zu verstehen, wie es ist, hirnermüdet zu sein, sie waren ja selbst mal müde. Aber solange sie nicht an Hirnermüdung leiden, muss man davon ausgehen, dass sie es nicht vollständig verstehen. Gehirnermüdung ist etwas völlig anderes als müde nach einer Party zu sein oder müde von zu wenig Schlaf.

"Warum kannst du das heute nicht tun, wenn du das gestern tun konntest?"

"Nun, genau deshalb ist es heute nicht möglich!"

oder

"Bist du noch immer daran? Man muss positiver denken! "

So offenbaren sie sich - sie haben keine Ahnung!

Bei dieser Art von Frage ist es wichtig, eine Antwort zu haben. Dies gilt sowohl bei der Arbeit als auch in anderen Zusammenhängen. Eine schriftliche Erklärung in der eigenen Tasche oder Geldbörse ist wertvoll, da man sich möglicherweise nicht daran erinnert, wie man es erklären sollte. Die Erklärung sollte beinhalten, wie man funktioniert, welche Bedürfnisse man hat und enden mit dem, was man gut kann.

Denken Sie daran, dass die Leistung, die eine hirnermüdete Person zur Erholung leistet, grösser ist, als viele sehen wollen. 😊

„Wenn mein Gehirn ausgeruht ist, spüre ich in Bezug auf Gedanken keinen Unterschied zur Vergangenheit."

Teil 2

Ratschläge

13 Aktivitätspunkte

Grundlegend für die Beständigkeit über längere Zeit ist, dass der Gehirnermüdete lernt, zu kontrollieren, wie viele verschiedene Aktivitäten einen ermüden. Dies ist von Individuum zu Individuum und von Zeit zu Zeit unterschiedlich.

Um eine Weise für eine Gehirnlanglebigkeit zu finden, sollte man, je mehr Erfahrung man mit sich selbst hat und welche Situationen kräfteraubend sind, darauf achten, wie man auf verschiedene Aktivitäten reagiert. Es gibt keine Methode, die für jeden geeignet ist. Man kann also gerne seine eigene finden. Meine Methode war es, an Aktivitätspunkten zu denken.

Angenommen, man hat 10 Aktivitätspunkte pro Tag. Man geht über die basalen Aktivitäten wie Anziehen, Essen usw. hinaus.

Man entscheidet selbst, welche Aktivitäten welchen Punkten entsprechen.

Beispiele:

1. Arbeitsweg	2 Aktivitätspunkte
2. Arbeit	4
3. Heimweg	2
Summe:	8 Aktivitätspunkte

Nun hat man an diesem Tag noch 2 Aktivitätspunkte übrig. Man darf nun priorisieren, wofür man die Punkte verwenden möchte. Vielleicht ein Telefonanruf, vielleicht ein Spaziergang oder man kann die Punkte-zahl „sparen". Wenn sie verbraucht oder gespart werden, macht man an diesem Tag keine Hirn-anstrengungen mehr.

Am nächsten Tag hat man 10 neue Aktivitätspunkte, die man verbrauchen oder sparen kann. Auf diese Weise kann man für die nächsten Tage planen und sich ein Bild davon machen, was wieviel Gehirnenergie kostet. Sollte man eine Reise machen oder am Mittwoch einkaufen, spart man die Aktivitätspunkte an den Tagen zuvor und plant so wenig wie möglich für die Tage danach. Im Durchschnitt einer Woche sollte man niemals 10 Aktivitätspunkte pro Tag überschreiten. Mit der Zeit wird man in der Lage sein, mehr Aktivitäten zu erreichen, und hoffentlich kosten einige Aktivitäten weniger Punkte, wenn man gesunder wird. Dann kann man noch etwas hinzufügen. Stellen Sie sicher, dass Sie jeden Tag mindestens ein paar Aktivitätspunkte für das ausgeben, was Ihnen Freude macht. Die Freudenpunkte sind superwichtig.

Wenn man etwas tun muss, das viele Aktivitätspunkte erfordert, vielleicht 40-50 Punkte (zum Beispiel eine Berufskonferenz besuchen oder an einem 40-Jahrsjubiläum teilnehmen), kann man davon ausgehen, dass für die Regeneration möglicherweise mehr Punkte gebraucht werden, als man vorher und nachher zusammen speichern kann. Man wird wahrscheinlich mehrere Tage mit einem Minimum an Aktivitäten benötigen.

14 Speichertechniken

Ohne einen Kalender hat man kaum eine Chance. Es ist wahrscheinlich das beste Werkzeug, um die Dinge zu organisieren. Neben dem von Outlook, welcher bei der Arbeit benötigt wird, habe ich noch eine Papieragenda. Ich habe den mobilen Kalender nicht wirklich übernommen und von anderen Gehirnermüdeten gehört, es sei mühsam, alles im Handy zu haben, weil es schwieriger ist, sich einen Überblick zu verschaffen und am Mobiltelefon zu navigieren als in einer analogen Agenda. Vielleicht liegt es daran, dass man nur einen kleinen Bildschirm hat, auf dem viele Informationen gesammelt werden sollten. (Obgleich ein Handy ein grossartiges Tool ist, mit dem man sofort Informationen über alles erhält, was man wissen möchte.) In der Papieragenda kann man Pfeile zeichnen, Eselsohren knicken oder andere Speichersymbole machen, die jede Seite anders aussehen lassen als die vorherige.

Es kann sich lohnen, einige Zeit mit dem Erlernen von Gedächtnistechniken zu verbringen, wenn man Gedächtnisprobleme hat. Es gibt einige bekannte Methoden, die in meinen Varianten beschrieben werden.

Eine Technik, die gut funktioniert, wenn man beispielsweise eine Einkaufsliste auswendig lernt, besteht darin, sich vorzustellen, dass man in ein Haus und durch die Räume geht. In jedem Raum platziert man gedanklich die Ware, an die man sich erinnern soll. Wenn man dann im Geschäft steht, stellt man sich vor, wie man das Haus und die Räume betritt und die Sachen sieht, die man vorher darin in Gedanken platziert hat.

Eine lustige Variante ist, Dinge mit verrückten Ereignissen in Verbindung zu bringen. Ich treffe einen Clown mit Engelsflügeln, der ein Glas Marmelade vor der Nase eines lila Zebras schwenkt, welches Fleischbällchen ausspuckt, die zum Grossvater rollen, der auf einem Bein steht und der aus seinem Bart Eier wegbürstet... Je verrückter die Ereignisse, desto leichter fällt es einem, sie zu merken.

Das vorher Genannte braucht einige Zeit, um es sich auszudenken und zu merken. Es ist nicht keinem Arbeitsmeeting enthalten, an dem man selbst beteiligt ist. Vielleicht ist Mindmapping hier das bessere Werkzeug. Man beginnt in der Mitte eines Papiers und zeichnet einen Ring um den Text „Besprechungsdatum" oder was auch immer man notieren möchte. Aus dem Ring wird ein Strich gezogen, und dann werden die nächsten Schlüsselwörter geschrieben, beispielsweise der erste Tagesordnungspunkt wie „Ausbildung". Ausserhalb von „Ausbildung" zeichnet man mehrere Striche und füllt diese mit unterstützenden Worten zu Ausbildung hinzu. Diese können wiederum mit mehr unterstützenden Wörtern aufgebaut werden. Für den nächsten Tagesordnungspunkt zeichnet man eine neue Linie aus dem Datumsring und füllt sie auf ähnliche Weise aus. Es gibt Computer-Programme, die diese Methode unterstützen, falls man sie lieber verwenden möchte. Das fertige Bild, das häufig einen großen Teil des Papiers bedeckt, bietet eine gute Unterstützung für das Gedächtnis, vor allem aufgrund des Aussehens. Das Gedächtnis kann sich leichter an Muster und abweichende Formen erinnern, zumindest ist das meine Erfahrung. Regelmässige Notizen, Zeile für Zeile, funktionieren meiner Meinung nach auch, sind aber nicht ganz so gut, dafür aber oft das einzige, womit man zeitlich mitkommt.

Ich bereite oft Besprechungen vor und notiere meine Gedanken mit schwarzem Stift. Während des Meetings fülle ich die Ergebnisse der Diskussionen mit blauem Stift hinzu, dann kann ich leicht meine eigenen Gedanken von den gemeinsamen Überlegungen unterscheiden.

Grundsätzlich habe ich immer einen kleinen Notizblock bei mir, ebenso wie Post-it-Zettelchen, damit ich mir kurze Notizen machen oder Stützwörter für mein Gedächtnis machen kann. Ich erlebe es so, dass das Gedächtnis weniger belastet wird, wenn es aufgeschrieben Erinnerungswörter gibt, so dass ich nicht an das denken muss, sondern mich auf etwas anderes konzentrieren kann. Wenn ich dann die Informationen zusammenstellen möchte, erinnere ich mich normalerweise an sie, aber es fühlt sich beruhigend an, falls nötig, die Notizen zur Hand zu haben.

Man kann auch Farbcodes (Notizen, Ordner, Clips usw.) verwenden. Rot für „Eile", Gelb für „Wichtig", Blau für „Gut zu haben" und Grün für „Klar". Oder wie man es mag. Die Methoden, die man selbst findet, funktionieren normalerweise am besten.

Es ist auch gut, Dinge laut zu wiederholen, dann sitzt es besser im Gedächtnis, die Informationen gehen auf verschiedene Arten in den Kopf.

„Nun schliesse ich die Tür ab", erinnert einem besser daran,
dass man sie wirklich verschlossen hast.

15 Allgemeine Ratschläge

Man bedenke, dass es Menschen besser geht, wenn sie das Gefühl haben, einen Beitrag zum Betrieb und zur Gemeinschaft zu leisten. Wenn der Job gut ist, steigt die Produktion. Dies ist besonders wichtig, wenn es um Hirnermüdung geht, da sie einen grossen Wunsch haben, zum normalen Leben zurückzukehren. Tun Sie alles, um die Rückkehr zur Arbeit zu erleichtern.

Ratschläge für den Chef

- Stellen Sie sicher, dass keiner Ihrer Untergebenen aufgrund von Überlastung, Unbehagen oder unangemessenen Anforderungen während der Arbeit an Hirnermüdung erkrankt. Überprüfen Sie in regelmässigen Abständen die Arbeitsbelastung Ihrer Untergebenen.

- Beachten Sie, dass eine Person, die von Hirnermüdung betroffen ist, eine Anpassung des Arbeitsumfelds und der Aufgaben benötigt.

- Beziehen Sie jederzeit, den an Gehirnermüdung Betroffenen mit ein. Bestimmen Sie nie über seinen Kopf hinweg.

- Seien Sie interessiert, aber drängen Sie sich nicht auf.

- Vertrauen Sie auf die Fähigkeit und den Willen der Person.

- Sehen Sie, über welches Wissen Ihr an Hirnermüdung erkrankter Mitarbeiter verfügt. Vielleicht hat er das spezielle Wissen, das Sie und das Unternehmen benötigen.

- Eine rehabilitierte Person hat wahrscheinlich eine erhöhte Sensibilität / ein besseres Bauchgefühl, um zu erkennen, wenn es anderen Mitarbeiter schlecht geht. Wie können Sie dies optimal für Ihr Unternehmen einsetzen?

Ratschläge für den Personalverantwortlichen

- Sprechen Sie mit dem Betroffenen.

- Zeigen Sie, dass Sie daran interessiert sind, dass die Arbeit für den Rückkehrer im Unternehmen so gut wie möglich funk-tioniert.

- Finden Sie heraus, was in der Arbeitsumgebung und den Aufgaben der Person möglicherweise geändert werden muss, und schaffen Sie die Bereitschaft, um es zu bewerkstelligen.

- Sie sind natürlich beim Arbeitgeber angestellt, stehen aber (auch) auf der Arbeitnehmerseite.

- Tragen Sie dazu bei, Treffen zwischen dem Betroffenen, dem Arzt, dem Vorgesetzten, der Personalabteilung und der Ver-sicherung zu schaffen.

- Verfolgen Sie, wie sich die Person erholt.

- Ermutigen Sie alle Parteien genügend.

Ratschläge für Freunde und Kollegen

- Nehmen Sie Kontakt auf und zeigen Sie, dass es Ihnen wichtig ist, indem Sie eine Karte oder Blumen senden. Rufen Sie an, aber vermeiden Sie es, sich aufzudrängen. Fragen Sie bei der betroffenen Person nach, wann es ihm passt, bevor Sie einen Hausbesuch machen.

- Finden Sie Umgangsformen, die funktionieren.

- Drängen Sie einem Betroffenen nicht Ihre eigenen Lösungen auf, aber es ist in Ordnung, Tipps zu geben. Stellen Sie sich nicht über eine Person, im Glauben, dass Sie wissen, was diese braucht. „Eine Tasse heisse Milch wirkt immer bei Schlafstörungen!" Für Sie klappt das vielleicht, und ich bin bereit, es zu versuchen, aber hier hat das Problem einen völlig anderen Rahmen.

- Hören Sie zu.

- Wagen Sie einen ruhigen Umgang.

Ratschläge für die Familie

- Bleiben Sie sich selbst, obwohl sich die Voraussetzungen für die Familie und deren Aktivitäten verändert haben.

- Lernen Sie mehr über Gehirnermüdung.

- Unterstützen Sie.

- Finden Sie Ihren eigenen Platz und Ihre eigene Aktivität, um Kräfte zu sammeln.

Ratschläge für Direktbetroffene

- Suchen Sie medizinische Hilfe.

- Finden Sie heraus, was Sie brauchen.

- Wagen Sie es, für das einzustehen, was Sie brauchen. Machen Sie sich gleichzeitig nicht unmöglich, was durchaus ein Balanceakt sein kann.

- Setzen Sie sich nicht unnötig Dingen aus, die Sie ermüden und bei denen Sie sich nicht wohl fühlen.

- Passen Sie den Arbeitsplatz, den Alltag und die Familie an Ihre Bedürfnisse an.

- Finden Sie Freude.

- Schreiben Sie auf, wie Sie arbeiten, welche Bedürfnisse Sie haben und was Sie gut können. Nehmen Sie die Notiz mit, wenn Sie dies erklären müssen.

- Denken Sie an Ihre Aktivitätspunkte.

- Lernen Sie einige Gedächtnistechniken.

- Lesen Sie das ganze Buch. Es gibt an manchen Stellen eingebettet Ratschläge.

16 Bemühungen je nach Phase

Ich habe die kommenden Kapitel in einige Perioden oder Phasen unterteilt, in denen man es unterschiedlich handhaben muss, je nachdem, wie lange man von der Hirnermüdung betroffen ist. Die Hirnermüdung wirkt sich individuell aus. Einige leiden stärker als andere, die Symptome können in der Intensität schwanken und die Phasen variieren in der Länge. Einige kommen möglicherweise schnell zu Phase 3, während andere länger brauchen. In der Beschreibung ging ich ungefähr von meiner eigenen Zeitskala aus. Ich hoffe, dass Phase Rückschlag nie eintrifft, aber sie lauert ständig im Hintergrund. Deshalb ist es wichtig, sie zu erwähnen.

- Phase 1, die Chaos Phase - wenn man frisch betroffen und alles chaotisch ist.

- Phase 2, Rückkehr zum Job (Anpassungsphase) - wenn man sein Weltbild ändern muss.

- Phase 3, Nachhaltigkeitsphase - wenn man sich mit einer neuen Weise zu funktionieren und zu leben abfinden muss.

- Phase Rückschlag, eine Phase, die jederzeit und schneller als erwartet einschlagen kann. Sie bedeutet, dass man zu viel getan hat und auf ein viel niedrigeres Aktivitätsniveau zurück-geworfen wird.

17 Phase 1. Chaos 1-4 Monate

17.1 Erfahrung

Unabhängig davon, wie man zu einer Gehirnerschöpfung gekommen ist, ob es schleichend oder sehr plötzlich auftrat, scheinen die Erfahrungen dennoch ähnlich zu sein.

Wenn man eine Hirnverletzung hatte, kann es schwierig sein zu wissen, wann die Phase wirklich beginnt, da Müdigkeit nach der Heilung des Gehirns bestehen bleibt. Die Probleme, die sich aus der Hirnverletzung ergeben und die welche aus der Hirnermüdung resultieren, sind ebenfalls schwer zu unterscheiden. Vielleicht ist es nicht einmal relevant. Die Lage ist so wie sie ist.

Die erste Phase ist geprägt von Chaos und endloser Müdigkeit. Man mag nichts tun, wirklich nichts. Hat man richtig Pech, gerät man in eine Lage, in der man trotz grosser Müdigkeit nicht einschlafen kann. Andere schlafen so viel wie möglich. Nichts funktioniert so wie zuvor. Und man versteht nicht, was passiert ist, warum man eben nicht funktioniert.

Gedächtnisstörungen sind häufig und der Alltag ist schwer zu bewältigen, wenn die Erinnerung und das Arbeitsgedächtnis mangelhaft arbeiten. Man erinnert sich nicht an alltägliche Dinge. Zum Beispiel: Mein Mann konnte mir sechsmal sagen, dass ich die Kinder im Tageshort abholen soll; aber eine Viertelstunde später wusste ich es wieder nicht, weil es unmöglich war, mich daran zu erinnern. Eine andere mühsame Sache: Ich konnte mich an keine Codes erinnern. Die Verwendung einer Debit- oder Geldkarte gelingt nicht, wenn man sich nicht an den Code erinnert. Das Auftanken des Autos, das Geld abheben an einem Automaten oder der Kauf von Lebensmitteln verliefen nicht ohne Codes. Es dauerte einige Monate, bis ich wieder Debitkarten verwenden konnte.

Man kann es mit dem Wortschatz schwer haben, die Wörter sind einfach nicht da, wenn man sie braucht. Ich musste mit einem begrenzten Wortschatz umgehen und stellte fest, dass meine Sprache sehr schlecht wurde, weil ich keine Synonyme fand. Ein anderes seltsames Phänomen war, dass ich oft Wörter mit dem Gegenteil vertauschte. „Rechts" wurde zu „Links", „Warm zu „Kalt" und „Lang" zu „Kurz" etc. Ich hörte, dass ich es falsch sagte, so konnte ich es korrigieren. Aber vor dem Aussprechen merkte ich es nicht.

Um Probleme zu lösen, ist logisches Denken erforderlich. Meine mathematischen Fähigkeiten wurden reduziert. Je müder ich war, desto schlechter funktionierte sie. Selbst einfache Zahlen waren im Kopf schwer zusammenzufassen. Gut, dass es Taschenrechner gibt.

Diejenigen, die ein wenig Computer-Kenntnisse haben, verstehen, was ich meine, wenn ich den Zustand der Festplattenfragmentierung vergleiche. Die Erfahrung ist, dass die Gedanken in kleinere Segmente unterteilt und schwer zusammenzuhalten sind. Man findet Teile davon, aber der Kontext verschwindet. Das Gefühl ist, dass man nicht denken kann und das ist schrecklich frustrierend. Dass das Gehirn nicht funktioniert, hat man noch nie vorher erlebt und es ist beängstigend. Man kann denken, man sei verrückt geworden.

Die Simultankapazität kann beeinträchtigt werden. Das gleichzeitige Kochen von Spaghetti und das Erhitzen von Fleischkonservensauce kann schon zu viel sein, was parallel ablaufen soll.

Man hat die Empfindlichkeit erhöht. Die Stimmung ist sehr stark beeinflusst und man wird schnell grundlos gereizt und wütend.

Man ist geistig extrem müde und es hinterlässt auch Spuren im physischen Körper. Man vermag nicht zu gehen oder springen, nicht einmal mit dem Geschirr umzugehen. Eine Topfpflanze als Geschenk zu bekommen, fühlt sich belastend an, weil man merkt, dass man sich darum kümmern muss und es nicht kann. In sich drin schämt man sich, weil man es nicht schafft.

Man muss die Batterie auch tagsüber häufig im Gehirn aufladen und benötigt zusätzliche Schlafzeit. Für mich waren um 13.30 Uhr 45 Minuten Schlaf erforderlich. Mein Mann sagte, er könne die Uhr nach dem Schlafbedürfnis meines Gehirns einstellen. Wenn man nicht rechtzeitig ruht, ohne die Wachsamkeit abzuschalten, wird der Akku nicht aufgeladen. Man wird übermüde, das Gehirn fühlt sich gehetzt und es wird schwierig, abends einzuschlafen. Folgte ich dem Schlafbedürfnis meines Gehirns während des Tages, schlief ich am Abend in weniger als einer Minute ein. Folgte ich diesem Bedürfnis nicht, konnte es Stunden dauern, bis ich einschlief.

Persönlich war ich sehr verärgert darüber, dass ich krankgeschrieben wurde, weil ich mich nicht krank fühlte. Zugegeben, ich war extrem müde, dachte aber, dass ich den Job trotzdem irgendwie machen konnte. Es mag an einem Persönlichkeitsmerkmal liegen, aber was ich damit sagen will, ist, dass sich Gehirnermüdung nicht wie eine Krankheit anfühlt. Man hat kein Fieber oder irgendwelche grippeähnliche Symptome. Ich kann es mit einem heftigen Kater vergleichen, der nie vorübergeht, aber dennoch anders ist. Echte Müdigkeit, Kopfschmerzen und Tinnitus.

17.2   Beruf

Die betroffene Person ist wahrscheinlich krankgeschrieben. Arbeiten ist momentan keine Option.

17.3 Familie

Die betroffene Person möchte nur schlafen, toleriert weder Licht noch Geräusche und möchte nicht gestört werden, auch nicht von der Familie. Musik mit hoher Lautstärke kann verheerend sein. Fernsehen ist unmöglich. Autofahren ist eine Qual. Eine Tasche zu packen oder einkaufen zu gehen ist zu anspruchsvoll, es gibt zu viel zum Nachdenken und das gibt ein Chaos im Gehirn.

Nahestehende zu haben ist eine unglaubliche Stärke, aber auch für andere Familienmitglieder ist es nicht einfach. Die neuen Bedürfnisse der an Hirnermüdung leidenden Person können die meisten Dinge in der Familie überschatten. Die Angehörigen verstehen, dass man nicht in der Lage ist, damit klar zu kommen, wissen aber nicht, wo die Grenze liegt, wie viel sie sprechen oder stören können. Hat man Kinder, kann es schwierig sein, die Situation zu erklären. Kinder sind oft einfühlsam, können es aber schwer haben einzusehen, dass man die ganze Zeit sehr müde ist.

Betroffene Menschen brauchen dringend Unterstützung von anderen, und die vorhandene Kraft muss in erster Linie dafür aufgewendet werden, für sich selbst zu sorgen und Kontakte zur Gesundheitsversorgung zu knüpfen. Die Familienbedürfnisse könnten zurücktreten, gleichzeitig werden sie mehr einspringen müssen, damit die Familie funktioniert. Ich hatte nicht die Energie, mich aktiv indem zu beteiligen, was sie taten. Damit musste ich mich zufriedengeben. Mein Mann hatte alles mit der Hausarbeit zu tun, die Kinder mussten helfen, wenn es nötig war, sie waren damals ziemlich klein. Gleichzeitig beschlossen wir, dass sie so wenig wie möglich eingeschränkt werden, sodass es wichtig war, ihre Aktivitäten aufrechtzuerhalten; aber selbst da mussten wir einige Kompromisse finden.

17.4 Freizeit

Die Person vermag nicht mit so viel Aktivität und möglichen Aufgaben in Verbänden usw. fertig zu werden, deshalb muss man pausieren. Es wirkt aufbauend, kurze Spaziergänge zu machen. Zu Beginn reicht eine Runde um das Haus. Zweckmässig ist, kleine Gegenstände zu Hause zu pflücken. Aktive Erholung.

17.5 Ratschläge während der Chaosphase

17.5.1 Ratschläge für den Chef

- Senden Sie Karten oder Blumen von Ihren Arbeitskollegen an die betroffene Person.

- Fragen Sie, ob es in Ordnung ist, dass Sie manchmal anrufen. Seien Sie nicht beleidigt, wenn der Betroffene Zeit, ohne Anknüpfung zum Job, braucht. Reden Sie nicht über die Arbeit.

- Stellen Sie sicher, dass seine pendenten Aufgaben bis auf weiteres bearbeitet werden.

- Rufen Sie gelegentlich an, wenn es für die betroffene Person in Ordnung ist. Vermeiden Sie es, darauf rumzureiten, wann die Person zurückkommt. Seien Sie darauf vorbereitet, dass es einige Zeit dauern kann.

- Sagen Sie bereits im Voraus, dass die Person zu gegebener Zeit wieder willkommen ist.

- Warten Sie ab, wie sich die Situation entwickelt.

17.5.2 Ratschläge für den Personalverantwortlichen

- Teilen Sie mit, dass Sie bereit sind, wenn die betroffene Person Kontakt aufnehmen möchte.

- Zeigen Sie Empathie und je nach Bedarf Unterstützung.
- Unterstützen Sie den Chef.
- Warten Sia ab, wie sich die Situation entwickelt.

17.5.3 Ratschläge für Freunde und Kollegen

- Senden Sie Karten oder frische Blumen. Blumensträusse können weggeworfen werden, wenn sie verblühen und erfor-dern keine weitere Pflege.

- Lassen Sie nach ein paar Wochen (oder wie es sich je nach Beziehung zu der Person gut anfühlt) von sich hören. Haben Sie keine Forderung, dass man sich sehen muss.

- Machen Sie den Besuch kurz. Der Betroffene sagt möglicherweise nicht, wann es ihm zu lange dauert und er wird danach sehr müde. Seien Sie sich bewusst, dass die Ausdauer der Person gering ist, sie aber im Moment es möglicherweise nicht so deutlich zeigt. Die Müdigkeit macht sich bemerkbar, wenn Sie gehen.

- Nutzen Sie die Gelegenheit, um beim Abwasch oder bei anderen einfachen Hausarbeiten zu helfen oder zum Beispiel einkaufen zu gehen. Einfach zu wissen, dass es Unterstützung gibt, ist für die betroffene Person oft befriedigend und es fühlt sich wunderbar an, dass es Leute gibt, die man anrufen kann, wenn man sie braucht.

- Bleiben Sie ohne Aufforderung in Kontakt. Spüren Sie, wie es dem Betroffenen passt.

- Seien Sie nicht beleidigt, wenn die Person nein sagt. Sie ist gerade zu müde.

17.5.4 Ratschläge für die Familie

- Entlasten Sie den Betroffenen. Kümmern Sie sich um Einkäufe und Hausarbeiten.

- Kochen Sie.

- Kaufen Sie Takeaway – Essen und machen Sie es sich gemeinsam von Zeit zu Zeit gemütlich mit einem feinen Abendessen.

- Helfen Sie mit den Kontakten zum Spital, Arzt und der Versicherungskasse.

- Seien Sie geduldig, die Betroffenen werden besser, obwohl es einige Zeit dauern wird.

- Laden Sie Ihre eigene Batterie.

- Lassen Sie die Familienmitglieder so weit wie möglich ihre eigenen Freizeitaktivitäten fortsetzen.

17.5.5 Ratschläge für Direktbetroffene

- Stellen Sie sicher, dass Sie einen Ansprechpartner im Gesundheitswesen haben, der sich auf Gehirnprobleme konzentriert. Die Unterstützung durch das Gesundheitssystem kann entscheidend dafür sein, wie der Rest Ihres Lebens aussehen wird. Bitten Sie von Anfang an um professionelle Hilfe.

- Schlafen und ruhen Sie sich aus.

- Versuchen Sie die normalen Zeiten so gut wie möglich ein-zuhalten. Vermeiden Sie es, sich den ganzen Tag zu drehen und zu wenden.

- Erstellen Sie einfache Routinen für den Tag. Für mich war es genau wie für die schwedische Comicfigur Skalman, eine Uhr zum Essen und Schlafen zu haben, die jeden Tag fixe Ruhe-zeiten festlegt.

- Aktive Ruhe, das heisst, etwas tun, was man mag, aber nicht zu viel Denkarbeit erfordert, eine Art Basteln mit etwas bei Ihnen zu Hause. Machen Sie Spaziergänge, es ist leichte Bewegung und erholsam für das Gehirn.

- Lassen Sie Ihren Arzt der Familie erklären, was Gehirnermüdung bedeutet und welche Auswirkungen es hat.

- Holen Sie sich Hilfe von Familie und Freunden mit dem, was Sie brauchen. Machen Sie ihnen gleichzeitig klar, was Sie schaffen und was nicht, betreffend Kontakte und Besuche.

- Vermeiden Sie alles so weit als möglich, was sie stört.

- Verwenden Sie Ohrstöpsel oder schalldämpfende Kopfhörer (Pamir) und Sonnenbrillen.

- Riechen Sie an einer Blume. Es klingt banal und uninteressant, aber es gibt viel mehr auf der Welt zu geniessen, als man manchmal denkt.

Es kann sich mit Ihren neuen Bedürfnissen sehr schwierig anfühlen. Vielleicht müssen Sie schlafen, sich ausruhen und sind extrem allein. Und wohin ging die Freude? In der Anfangsphase kann sie vollständig verschwinden. Sie erinnern sich vielleicht nicht einmal daran, wie es sich anfühlt, glücklich zu sein, wenn Sie 33 Millionen Lichtjahre vom geringsten positiven Gefühl entfernt sind. Es ist völlig in Ordnung. RUHEN SIE SICH AUS! Sie haben momentan wirklich keine andere Wahl. Die Situation wird sich ändern, es wird besser werden! ☺

18 Phase 2, Rückkehr zum Job, 6-12 Monate

18.1 Erfahrungen

Der Betroffene ist etwas wacher geworden, hat sein Tempo verlangsamt und sich an seine neue Situation gewöhnt. Dennoch ist er weit davon entfernt, sie zu akzeptieren. Das Bedürfnis sich auszuruhen ist durchaus noch gross. Kopfschmerzen können immer noch beschwerlich sein, die Kraftlosigkeit spürbar. Die Zähigkeit des Denkens bleibt bestehen.

Man hat das Gefühl, dass man viel schneller müde wird als vor Beginn der Hirnermüdung und dass es keine zusätzliche Kraft gibt, die man nützen könnte. Man wird es leid, sich etwas auszusetzen, wie beispielsweise in die Stadt zu gehen. Aber man bewältigt die einiger-massen kurzen Momente. Sie bewältigen besser zu fernsehen, Zeitungen zu lesen.

Die Person, das Gesundheitswesen und die Versicherungskasse bereiten sich auf die Rückkehr zur Arbeit vor. Der Arbeitsplatz muss auf die Rückkehr vorbereitet sein!

Der Betroffene kann sowohl die Erwartung spüren, wieder zu arbeiten, als auch sich Sorgen darüber machen, wie es sein wird.

18.2 Beruf

Es ist notwendig, dass die betroffene Person Hilfe beim Einstieg erhält. Das Abhalten von Planungsgesprächen zwischen Gesundheitswesen, Arbeitsplatz, Versicherung und den Betroffenen sind nötig. Dies ist sogar gesetzlich vorgeschrieben. Angenommen, die betroffene Person hat neue Bedürfnisse, so ist ein angepasster Rückweg erforderlich. Unmittelbar der betroffenen Person die Rückkehr zu ihren früheren Aufgaben in Vollzeit zu ermöglichen, ist unangebracht. Nicht einmal ein halbes Pensum ist angemessen. Erforderlich ist es, gemeinsam die neuen Bedürfnisse zu betrachten und Lösungen für diese zu finden. Wahrscheinlich beginnt man mit dem Arbeitstraining für einige Stunden am Tag oder in der Woche. Wenn man an eine Rückkehr von 25% denkt, sollten man sich bewusst sein, dass dies ein grosser Schritt für eine müde Person ist. Man muss den Arbeitsweg in die Gehirnleistung mit einberechnen und dass am Ende des Arbeitstages noch etwas Kraft übrigbleibt.

Wahrscheinlich sind beide, sowohl der Betroffene als auch der Arbeitgeber sich nicht sicher, was ein angemessenes Niveau ist. Ein Fehler besteht darin, dem Betroffenen zu viel Verantwortung auf einmal aufzuerlegen, hier gilt es auszuprobieren. Beginnen Sie langsam und steigern Sie schrittweise die Arbeitszeit und die Leistung. In der ersten Zeit sollten Sie niedrige Leistungsanforderungen haben. Es ist völlig unvernünftig zu glauben, dass die an Hirnermüdung erkrankte Person in der Lage ist, zu diesem Zeitpunkt ein grosses Projekt mit vielen Teilnehmern durchzuführen.

Bei der Arbeit zu sein, bietet die besten Voraussetzungen für die Rehabilitation. Man nimmt an einem Kontext mit allem teil, was mit Kontakten, Zusammenarbeit und auszuführenden Aufgaben verbunden ist. Es ist „wirklich". Man muss für sich selbst einstehen und heraus-finden, wie man von Neuem arbeiten kann. Man erhält einen Beleg dafür, wie man in der Realität arbeitet. Wo findet man eine bessere Trainingsumgebung? Natürlich vorausgesetzt, alle Beteiligten sind für die Rehabilitation gut gerüstet, insbesondere der Arbeitgeber, der ein gutes Arbeitsumfeld für die Rückkehr zur Arbeit bieten sollte. Das Gesundheitswesen spielt eine wichtige Rolle bei der Hervorhebung der neuen Bedürfnisse der betroffenen Person und bei der Suche nach Möglichkeiten für gute Rehabilitationsaufgaben und sollte unbedingt vor Beginn in die Planung von Besprechungen einbezogen werden. Ich hatte das Glück, einen Arbeitgeber zu haben, der bereit war, das Umfeld und die Aufgaben anzupassen, die zu einem reibungslosen Start führten. Hat man dieses Glück nicht, halte ich es für noch angemessener, in der Diskussion über das weitere Vorgehen mehr Unterstützung vom Gesundheitswesen zu bekommen. Ich denke, die meisten Arbeitgeber sind bereit, einem im Unternehmen zu halten, wenn man zurückkommt, aber ich verstehe, dass auch das Gegenteil der Fall ist.

„Die beste Rehabilitation ist, am Arbeitsplatz zu sein"

18.3 Familie

Vielleicht hat die Familie neue Routinen gefunden, die funktionieren. Jetzt kommt der nächste Schritt, wenn die betroffene Person zur Arbeit geht. Was passiert dann zu Hause? Die erreichte Aufgewecktheit wird grösstenteils bei der Arbeit und alles, was damit zusammenhängt, zum Einsatz kommen. So steht nicht mehr viel zusätzliche Energie für anderes zur Verfügung. Es wird noch viel Unterstützung von der Familie benötigt.

Es gibt Diskrepanzen, wenn der Partner die veränderte Situation nicht bewältigen kann, wenn man nicht mehr so leben kann wie zuvor und dies wahrscheinlich für alle Bereiche gilt. Jetzt Änderungen vorzunehmen, ist ungeeignet, da die Arbeit auf der Tagesordnung der betroffenen Person steht. Die Situation wird sich verbessern, aber es erfordert Geduld: „In guten wie in schlechten Zeiten".

Selbsthilfegruppen und andere Organisationen bieten manchmal Treffen für Verwandte an, was für den gesunden Partner zu empfehlen ist. Dort trifft man mehr Menschen der gleichen Situation, lernt den Alltag anderer kennen und spricht mit ihnen unter Anleitung eines sachkundigen Moderators. Man kann auch Zeit für ein Einzelgespräch bei einem Berater buchen.

18.4 Freizeit

Es ist wichtig, sich mit etwas zu umgeben, was Spass macht. Freude ist eine grossartige Möglichkeit, die eigene Energie zu bereichern. Leider erfordern lustige Sachen auch Gehirnleistung; so dass man die Balance finden muss zu dem, was man zu tun vermag.

Die Energie sollte auf das gelegt werden, was einem ein gutes Gefühl gibt. Fahren Sie also bitte mit einem Hobby fort, eine Anpassung jedoch ist erforderlich. Es ist besser, ein wenig, statt zu viel zu tun. Sie lernen allmählich, was das richtige Level ist, aber es kann schmerzhaft sein, die Grenzen zu entdecken. Anstatt vier Tage die Woche zu joggen, kann man möglicherweise einen Tag pro Woche laufen. Wie gesagt, ich liebe es zu segeln, aber die ersten Jahre verliefen überhaupt nicht gut. In dieser Zeit gab es einfach zu viele Eindrücke, um sie auf einem Segelboot zu verarbeiten. Wir hatten in der Familie viele Diskussionen darüber, ob wir das Segelboot verkaufen sollten. Auf meine Bitte hin haben wir es behalten. Dann ging es mir besser und das Boot kam wieder zum Einsatz 😊😊😊.

18.5 Ratschläge für die Rückkehr beim Job (Anpassungsphase)

18.5.1 Ratschläge für den Chef

- Finden Sie heraus, welche neuen Bedürfnisse die betroffene Person hat. Welche Reize sind mühsam und welcher Arbeitsumfang kann zunächst angemessen sein? Tun Sie dies zusammen mit dem Betroffenen, dem Versicherungs- und Personalvertreter, sowie dem Arzt. Sehen Sie es positiv, wenn die betroffene Person einen Angehörigen als persönliche Unterstützung in der Besprechung dabeihaben möchte. Die Situation kann bei so vielen Versammelten als Erpressung empfunden werden.

- Planen Sie für die neuen Bedürfnisse. Nehmen Sie gerne den Personalverantwortlichen zur Hilfe. Benötigt der Betroffene einen abgeschirmten Arbeitsplatz, ein eigenes Zimmer, mehr Bildschirme, Jalousien usw.? Es ist unangebracht, dass die Person in einem Grossraumbüro direkt neben dem Umkleide-raum, in Korridoren mit viel Geläufe oder an einem lauten Ventilator platziert wird.

- Ist Homeoffice an irgendeinem Tag pro Woche möglich und passend?

- Benötigt der Hirnermüdeter einen verkürzten Arbeitstag? Ja, rechnen Sie damit! Arbeitstraining oder ein 25% Pensum am Anfang genügen. Es kann ausreichen, zuerst bei der Arbeit zu sein und mit Arbeitskollegen zu reden, Besprechungen anzuhören, E-Mails, Intranets usw. zu lesen.

- Nehmen Sie die Hilfe der Personalabteilung, des Therapeuten/Arztes und der betroffenen Person in Anspruch, um geeignete Aufgaben und sinnvolle Schritte zu besprechen. Nach meiner Erfahrung sind ideale Tätigkeiten das, was Vorgesetzte für sehr knifflig halten.

- Hier ist es schwierig, konkrete Ratschläge zu geben. Sie müssen es einfach ausprobieren. Beginnen Sie mit leichten Aufgaben und erhöhen Sie schrittweise den Umfang und den Schweregrad. Stellen Sie sicher, dass die Person ihr Selbstvertrauen stärkt, indem sie es bewältigen kann. Das Selbstvertrauen des Erkrankten hat einen Stich erlitten.

- Beachten Sie, dass es für die Betroffenen schwer sein kann, wenn ihre vorherige Aufgabe an eine andere Person weitergeleitet wurde. Verwenden Sie Ihr Fingerspitzengefühl.

- Ergreifen Sie vereinbarte Massnahmen, bevor die Person zurückkommt.

- Entscheiden Sie nichts über den Kopf der betroffenen Person hinweg, sondern beziehen Sie sie in die Diskussion mit ein. Geben Sie ihr Bedenkzeit zu Ihren Vorschlägen. Positionieren Sie die Person nicht neu, es sei denn, sie stimmt zu.

- Bereiten Sie andere Mitarbeiter darauf vor, dass die Person zurückkehrt und den Job sorgfältig wieder aufnimmt.

- Möglicherweise müssen Sie die Person bremsen, wenn sie zu schnell startet. Wie wissen Sie, wann es passiert? Machen Sie kurze Angleichungen.

- Seien Sie darauf vorbereitet, dass sich die Bedürfnisse ändern. Einerseits ist sich die betroffene Person der neuen Situation nicht vollständig bewusst, andererseits werden sich die Bedürfnisse im Laufe der Zeit ändern.

- Alle profitieren davon, dass Sie gute Voraussetzungen für ein Comeback schaffen. Denken Sie daran, dass fast jeder an Hirnermüdung leiden kann.

- Denken Sie daran, dass es Menschen mit grossen Ambitionen, Willen und Kampfgeist sind, die sich in der Risikozone befinden, über die Klippe zu fallen und an Hirnermüdung zu leiden. Wer ständig an der Spitze stehen will, ist innovativ und bereit, Zeit und Energie zu investieren, um gute Ergebnisse zu erzielen. Menschen, die das Unternehmen vorantreiben sind von grossem Vorteil. Nehmen Sie auf diese Rücksicht und geben Sie ihnen die Chance, zur Arbeit zurückzukehren. Mit den richtigen Voraussetzungen vollbringen sie viel mehr.

- Haben Sie Ihr Herz an richtiger Stelle und handeln Sie nett und positiv. Seien Sie nicht ungeduldig, oder zeigen Sie es zumindest nicht. Wenn Sie sie täuschen, merkt man es.

- Achten Sie auf den Fortschritt und puschen Sie nicht.

- Geben Sie Acht. Rückschläge sind für alle Beteiligten deutlich erkennbar und leider recht häufig.

18.5.2 Ratschläge für den Personalverantwortlichen

- Sprechen Sie mit der betroffenen Person. Unterstützen Sie sie. Finden Sie heraus, was es braucht, wenn sie zurückkommt.

- Seien Sie nett und aufrichtig.

- Vereinbaren Sie ein Planungstreffen mit der gehirnermüdeten Person, der medizinischer Betreuung, dem Vorgesetzten und der Versicherung. Besprechen Sie, welche neuen Bedürfnisse der Betroffene hat, und schlagen Sie Möglichkeiten vor, um diese umzusetzen.

- Seien Sie aktiv bei der Anpassung der Arbeitsumgebung und der Aufgaben.

- Seien Sie verfügbar, wenn die betroffene Person ein Telefongespräch benötigt.

- Geben Sie ihr Selbstvertrauen, beunruhigen Sie sie nicht.

- Unterstützen Sie den Vorgesetzten bei der Arbeit für die geplante Rückkehr.

- Verfolgen Sie regelmässig die Funktionsweise der Arbeitsumgebung und der Aufgaben.

- Wenn in irgendeiner Weise Uneinigkeit zwischen dem Betroffenen und dem Arbeitgeber entstehen, haben Sie eine wichtige Vermittlerrolle.

18.5.3 Ratschläge für Freunde und Kollegen

- Es gibt eine Fortsetzung. Bleiben Sie in Kontakt. Bieten Sie Hilfe an.

- Drängen Sie sich jedoch nicht auf. Die betroffene Person ist wahrscheinlich voll damit beschäftigt, die Stunden zu arbeiten, die sie soll.

- Fragen Sie nicht jedes Mal, wie es ihr geht. Es kann als hart empfunden werden und die Person hat wahrscheinlich keine andere Antwort als zuvor.

- Denken Sie daran, dass lange Gespräche und solche mit vielen Teilnehmern für einen Betroffenen sehr anstrengend sind. Sprechen Sie lieber unter vier Augen in einem Tempo, welches besser passt.

- Geben Sie positive Rückmeldungen

- Vernachlässigen Sie nicht die Bemühungen des Betroffenen. Das Ergebnis der Arbeit ist möglicherweise nicht mehr das gleiche wie früher, aber es gibt wirklich keinen Grund, sie am Arbeitsplatz öffentlich darauf hinzuweisen. Dies sollte eine Selbstverständlichkeit sein, ob eine Person eine eingeschränkte Fähigkeit hat oder nicht, und ich wünsche mir, dass dieser Ratschlag nicht notwendig wäre, hier zu notieren.

Ratschläge für die Familie

- Bleiben Sie beständig.

- Ein Partner, der an Treffen mit Ärzten, Versicherung und Arbeitgebern teilnimmt, erhält teilweise einen guten Einblick in die Pläne, kann dazu beitragen und Einfluss nehmen. Er verfügt auch über ein einzigartiges Wissen darüber, wie die betroffene Person in verschiedenen Situationen arbeitet. Diese Wissensbank ist für die bevorstehende Arbeit wertvoll. Es ist hauptsächlich der Partner, der feststellt, wann Dinge nicht funktionieren und welche Auswirkungen bestimmte Aktivitäten auf die betroffene Person haben.

- Pflegen Sie die eigenen Aktivitäten der Familienmitglieder. Kinder sollten so wenig wie möglich davon eingeschränkt sein.

- Stellen Sie sicher, dass Ihre Angehörigen regelmäßig die Möglichkeit erhalten, selbst Energie zu sammeln, weil Ihre zunehmenden Anstrengungen zu Hause noch gebraucht wird.

18.5.5 **Ratschläge für Direktbetroffene**

- Normalerweise gibt der Arzt bekannt, wann die Zeit für die Rückkehr zur Arbeit reif ist. Arbeitgeber oder die Versicherung berufen ein Planungstreffen ein. Dann informieren Sie, was Hirnermüdung beinhaltet. Bitten Sie den behandelnden Arzt, an dem Treffen teilzunehmen und zu helfen. Hoffentlich können Sie dieses Buch auch verwenden. ☺

- Erzählen Sie auf dem Meeting von Ihren neuen Bedürfnissen. Wie wollen Sie es haben, wenn Sie die Arbeit wieder aufnehmen? Sie werden wahrscheinlich nicht in der Lage sein, in Bezug auf Aufwand und Leistung wie davor zu arbeiten. Dies kann schwer zu erkennen sein. Seien Sie umarmt! Erzählen Sie von Ihrer Strategie, ob Sie jemanden haben. Oft kann man Hilfe von einer Beratungsstelle erhalten. Neuropsychologen sind sehr gut darin, Ihnen zu helfen, Ihre neuen Bedürfnisse zu erkennen und vorwärts zu handeln. Bitte bringen Sie einen nahen Verwandten mit.

- Fangen Sie wenn möglich mit dem Arbeitstraining an, um eine Vorstellung davon zu bekommen, wie viele Aktivitätspunkte Sie für die Arbeit verbrauchen. Beginnen Sie maximal mit einem 25% Pensum.

- Finden Sie sich mit der Tatsache ab, dass Sie wahrscheinlich nicht direkt in die Rolle zurückkehren können, die Sie zuvor bei der Arbeit hatten.

- Aufgaben, die Sie zuvor hatten, wurden möglicherweise von einer anderen Person übernommen. Es kann langweilig sein, aber man muss es ertragen.

- Versuchen Sie nicht zu beweisen, dass Sie es schaffen können. Sie sollten für Ihre Nachhaltigkeit arbeiten und somit langsam beginnen und darauf aufbauen, sobald Sie sehen, was Sie bewältigen. Sie wissen zuvor nicht, wie viel Sie tun können, bis Sie eine Weile gearbeitet haben. Nehmen Sie sich ein paar Monate Zeit, bevor Sie erhöhen.

- Gehen Sie jeden Tag zu einer festgelegten Zeit nach Hause. Seien Sie nicht versucht, ein bisschen mehr vom Typ "to do" zu machen.

- Lassen Sie sich nicht von Ihren Kollegen und Vorgesetzten überreden, den Arbeitseinsatz zu schnell zu erhöhen. Besprechen Sie dies zuerst mit dem Arzt.

- Wenn Sie sehen, dass es mit einigen Stunden am Tag klappt, können Sie vorsichtig mit dem Erhöhen experimentieren.

- Leider dauert alles länger, als Sie wollen und glauben. Lernen Sie, wo Ihr Limit gerade liegt. Das Ziel bewegt und ändert sich ständig. Aber achten Sie auf sich selbst und darauf, was funktioniert und was anstrengend ist. Welche Symptome treten zuerst auf oder werden schlimmer, wenn Sie Ihr Gehirn zu stark belasten?

- Auf lange Sicht finden Sie ein Muster dafür, was Sie fertigbringen. Sobald die Symptome auftreten, hören Sie mit dem auf, was Sie tun und senken Sie das Aktivitätsniveau.

- Überschreiten Sie NIEMALS die Grenzen Ihrer Möglichkeiten. Es wird bestraft, wenn das Gehirn überarbeitet ist und Sie viel langsamer werden müssen. Lesen Sie Kapitel Phase Rückschläge.

- Machen Sie viele kurze Pausen.

- Für das Selbstvertrauen ist es wichtig zu spüren, dass Sie zu etwas beherrschen. Wenn Sie diese Erfahrung bei der Arbeit machen, ist es gut, sonst sollten Sie sie in Ihrer Freizeit finden.

- Belügen Sie sich nicht, dass es Ihnen gut geht, weil Sie wieder da sind. Leider sind Rückschläge sehr häufig und es wird schmerzhaft, wenn sie auftreten.

- Verwenden Sie die vorangehend beschriebenen Aktivitätspunkte, um herauszufinden, wohin Ihre Energie fliesst und wie Sie mit der Gehirnleistung umgehen können.

- Erstellen Sie Methoden und Strukturen, um das Leben zu händeln, beispielsweise haben Sie überall Post-it-Zettelchen dabei, markieren Sie wichtige Dokumente, Notizen usw. farblich.

- Verwenden Sie Ohrstöpsel. In Apotheken sind sie in verschiedener Varianten erhältlich. Probieren Sie aus, welche für Sie geeignet sind. Ich mag diese in Silikon, weil sie das Ge-räusch draussen halten. Perfekt zum Schlafen und um nicht gestört zu werden. Auf die Länge kann man ein wenig wund im Ohr werden. Aber sie sind praktisch, wenn man ein Zimmer mit einem Schnarcher teilt. Man kann sein Geld auch in persönlich geformte Ohrstöpsel investieren. Teurer, dafür perfekt sitzend und man kann sie mit verschiedenen Filtern ausstatten, je nachdem, welche Frequenzen herausgefiltert werden sollten. Diese Ohrstöpsel sind in lauten Umgebungen von unschätzbarem Wert. Sie können die Nebengeräusche herausfiltern, nahe Gespräche aber zu lassen. Tagsüber funk-tionieren sie hervorragend. Zum Schlafen sind sie jedoch zu hart, da sie aus Hartplastik erzeugt werden.

- Sonnenbrillen sind gut, wenn man Probleme mit dem Licht hat.

- Geniessen Sie kleine Dinge. Leichter gesagt als getan. Mischen Sie einige Schokoladenbällchen und genießen Sie den Ge-schmack. Laden Sie die Familie zu etwas Selbstgebackenem ein. Jäten Sie Unkraut und sehen Sie, wie schön es wird, wenn Sie fertig damit sind. Genießen Sie, dass die Wäsche aufgehängt oder das Auto gesaugt ist. Flicken Sie das Loch im Pullover und freuen Sie sich darauf, ihn wieder zu verwenden. Machen Sie eine Radtour, atmen Sie tief durch und fühlen Sie, wie die Luft Ihrem Körper das gibt, was er braucht.

- Vermeiden Sie, was Sie ermüdet, wie Partys, Restaurantbesuche, lange Reisen und chaotische Umgebungen so weit wie möglich.

- Wenn Sie Kaffeepausen bei der Arbeit ermüden, verweilen Sie nur kurz.

- Laden Sie Leute für 1-2 Stunden nach Hause ein oder was Sie mögen. Wenn Gäste das Zeitlimit bereits vor ihrer Ankunft kennen, verletzt es sie nicht, wenn Sie sie bitten, zu gehen.

- Seien Sie aufrichtig und sagen Sie, wenn Sie so müde sind, dass Sie nicht mehr sprechen können. Bitten Sie, das Gespräch fortzusetzen, wenn Sie frischer sind. Natürlich ist es ratsam, dass Sie dann wirklich von sich hören lassen.

- Sparen Sie Energie für die Freizeit. Sie müssen in der Lage sein, Energie für etwas zu tanken, das Sie gerne tun.

- Es ist schwierig, sich anzupassen, ich weiss, aber Sie werden einen Weg finden, das Leben wieder zum Laufen zu bringen. 😊

„Die Rückkehr im richtigen Tempo wird auf lange Sicht nachhaltig!"

19 Phase 3, Nachhaltigkeitsphase, erstes Jahr und danach

19.1 Erfahrungen

Nach einigen Jahren hat man sich an die neue Situation gewöhnt. Man erholt sich immer mehr und kann besser mit den neuen Bedingungen und dem eigenen Leben umgehen. Man findet einen Verhaltensansatz.

Es fiel mir sehr schwer, die neue Situation zu akzeptieren, aber eine weise Person sagte: „Sie müssen es nicht akzeptieren, aber wenn Sie sich mit der Situation abfinden können, wird es für Sie einfacher sein." Wie recht sie hatte! Dieser Austausch des Wortes Akzeptanz mit Abfinden machte einen grossen Unterschied. Ich muss die Situation nicht mögen, es reicht einzusehen, dass es so ist. Je weniger Widerstand man leistet, desto einfacher wird es. Gute Lektion. ☺

Man funktioniert etwas anders als zuvor und wird daher anders wahrgenommen. Trotzdem weiss man immer noch genau, wer und was man in sich drinnen ist (wie man es seit seiner Geburt war). Die Schwierigkeit besteht darin, die Perspektiven zusammenzubringen. Man will sein, wer man ist und dass die Leute dies sehen sollten. Aber wer ist man überhaupt? Man erkennt sich selbst nicht wirklich und niemand sonst kann die beide Perspektiven erkennen.

Von Zeit zu Zeit scheint man auf wie in guten alten Zeiten und es fühlt sich wunderbar an. Aber man kann es nicht schaffen, die ganze Zeit so zu sein. Leider.

Die Leute vergessen manchmal, dass man an Hirnermüdung leidet. Es ist nicht sichtbar, wodurch es bei beiden Seiten zur Frustration führt, wenn man nicht deren Erwartungen entspricht. Selbst fühlt man sich schlecht, wenn man nicht ausreicht und die andere Partei das Gefühl hat, man strenge sich nicht genug an. Nichts kann falscher sein.

„Es gibt keine Faulheit bei Hirnermüdung"

Im Gegenteil, es kann zu viel Aufwand dahinterstecken.

Man wählt oder ist mehr oder weniger "gezwungen" zu wählen, in den meisten Lebensbereichen im Hintergrund zu bleiben.

Es wird erwartet, dass man sein Leben nun selbst verwalten kann.

Es ist mühsam, rund um die Uhr mit Kopfschmerzen und Tinnitus umzugehen. Ich bin bereit, alles zu tun, um von diesem falsch klingenden Geräusch wegzukommen. Die Tinnitusintensität wird erheblich beeinflusst, wenn ich zu viel aufgenommen habe. So kann ich sie als Messinstrument verwenden. Die Reaktion erfolgt aber danach. Dies ist eher eine Bestätigung dafür, dass ich zu heftig war. Wenn ich jedoch auf den Tinnitus-Level höre, kann ich damit einen Hinweis erhalten, ob ich mich sofort ausruhen muss, oder ob ich es noch eine Weile bewältigen kann.

Man ist betriebsbereit, arbeitet und es funktioniert, wenn man auf dem richtigen Niveau liegt. Man kann sowohl die Arbeitszeit als auch die Intensität der Aufgaben erhöhen, wenn man dies in kleineren Schritten tut.

Nun muss man vorsichtig sein, um die Grenzen seiner Möglichkeiten nicht zu überschreiten. Es geht darum, ein Aktivitätsniveau zu finden, das über die ganze Zeit funktioniert, um für den Rest des Lebens beständig zu sein. Nochmals: Es sollte für den Rest des Lebens beständig sein.

19.2 Beruf

Der Hirnermüdete findet sein Arbeitsniveau. Irgendeiner schafft es, Vollzeit zu arbeiten, aber viel häufiger ist ein Teilzeitpensum. Für einen Betroffenen ist es besser zu arbeiten, als es sein zu lassen. Man ist dann Teil der Gesellschaft, was sowohl aus Sicht des Betroffenen wie auch aus gesellschaftlicher Sicht wichtig ist. Es gelingt einem besser den Job zu erledigen und wenn man gute Bedingungen, das richtige Arbeitsumfeld und die richtigen Aufgaben hat, wird es funktionieren. Bei der Möglichkeit, in einem angemessenen Tempo zu arbeiten, kann das Ergebnis mindestens so gut sein wie vor der Erkrankung.

„Die Qualität der gelieferten Produkte ist selten ein Problem"

Man verwendet Unterstützungsstrategien wie Farbmarkierung, Post-it-Zettelchen, Eieruhr usw., um die Mängel zu überdecken.

Es ist ratsam, in Entwicklungsgesprächen aufzunehmen, was die betroffene Person gelernt hat umzugehen, welche Fortschritte erzielt wurden und was getan werden kann, um das Arbeitsumfeld und die Aufgaben weiter zu verbessern. Schlussendlich könnte der Hirnermüdete möglicherweise auf frühere Aufgaben zurückkehren. Mir ist aufgefallen, dass Vorgesetzte manchmal vergessen, dass die Beschwerden bestehen bleiben und dass man sie ständig hat. 24/7. Es ist gut, gelegentlich zu beschreiben, wie die Situation ist und wie sie sich seit dem letzten Mal geändert hat, da sie sich im Laufe der Zeit verändert.

In vielen Organisationen kommt es häufig zu Umstrukturierungen, die zu Personalwechseln und Umzüge führen. Es wird oft eine Zeit lang unklar und chaotisch, was für Hirnermüdete etwas anstrengender ist, weil sie unsicher sind, ihre

Position zu behalten, und weil sie Ordnung und Klarheit bevorzugen.

Neue, vielleicht sehr junge Manager und Leitungskräfte ohne Führungserfahrung müssen in die Bedingungen der betroffenen Person miteinbezogen werden. Hier kann es für beide Seiten frustrierend sein, wenn ein neuer Chef die Organisation prägen und neue Regelungen einführen möchte und gleichzeitig die Situation der betroffenen Person berücksichtigen muss, deren Geschichte er nicht kennt. Die betroffene Person kann eine turbulente Zeit durchmachen, bevor sich die Situation beruhigt. Dies entwickelt die personellen Fähigkeiten des Vorgesetzten positiv, jedoch auf Kosten des Arbeit- und des Seelenfriedens des Hirnermüdeten. Dies wäre (innerhalb bestimmter Grenzen) zu akzeptieren, falls nun der Chef mehr über Gehirnermüdung lernt.

Man zählt für andere nicht mehr so viel wie zuvor, da man nicht mehr so wachsam ist, die Zähne zu zeigen. Daher besteht das Risiko, dass der Betroffene nicht mehr so hoch im Kurs steht, was Gehaltsprämien anbelangt, abhängig davon was der Chef sehen möchte.

Manche Menschen können ihre Meinung durch mehr oder weniger klare Anspielungen negativ äussern. Nach meiner Erfahrung passieren solche Dinge am Arbeitsplatz. Das ist nicht in Ordnung. Zum Glück gibt es auch fantastische, unterstützende Kollegen. Danke fürs Dasein!

Gemäss Regeln der schwedischen Versicherung muss man die Arbeitszeit um 10 Stunden pro Woche erhöhen. Von 25% auf 50%, von 50% auf 75% und schliesslich von 75% auf 100% Dienst. Es ist zu viel, von einer Woche zur nächsten um 10 Stunden zu steigen. Die einzige Lösung, die ich sehe, besteht darin, die 10 Stunden, die unsere Versicherung verlangt zu erhöhen, jedoch unbezahlten Urlaub zu nehmen, wenn man diese Stunden nicht bewältigen kann. Beispielsweise 8 Stunden Urlaub, dann auf 6, 4 und 2 reduzieren, bis man auf dem richtigen Niveau liegt. Es ist erforderlich, dass der Arbeitgeber dem zustimmt. Für die betroffene Person ist es finanziell von Nachteil, aber ich sehe darin den einzigen Weg, um die Anzahl der Stunden dauerhaft zu erhöhen, da man es sachte angehen muss! Früher oder später nähert man sich einem Limit, über das man nicht hinausgeht (alle erreichen nicht 100%). Das Problem wird also sein, auf welchem Level man bleiben soll. Knifflig mit den Regeln, die heute gelten. Ich begrüsse eine Regeländerung, bei der man seinen Arbeitsaufwand stundenweise erhöhen kann und die externe Entschädigung (durch Versicherungen) in gleichem Masse abnimmt.

Einer Steigerung des Arbeitseinsatzes sollte (wie in der Schweiz) eine ärztliche Entscheidung vorausgehen.

Der Wunsch und der Wille, vollständig zurückzukehren, sind sehr stark. Die Freude ist gross, wenn man den Job bewältigt, Teil der Belegschaft sein und eine Arbeitsidentität haben kann. Zufriedenheit ist fantastisch, wenn man das Gefühl hat, dass man einen Beitrag leistet, Dinge zum Laufen bringt und dass das Wissen, das man hat, nützlich ist.

19.3 Familie

Eine gehirnmüde Person hat möglicherweise ein grosses Bedürfnis nach Zurückgezogenheit und ihrer eigenen Zeit, in der sie nicht gestört wird. Es kann darum gehen, ohne Störung etwas Schlaf zu bekommen, (beispielsweise durch Kinder, die mitten in der Nacht aufwachen) und auch nachmittags ein paar Stunden ungestörten Schlaf zu erhalten. Einsamkeit kann für das Gehirn sehr erholsam und anregend sein, da man nicht zuhören, das Gesagte verarbeiten, eine Antwort oder einen Kommentar formulieren muss. Einsamkeit, wenn sie selbst gewählt wird, tut definitiv gut.

Das Familienleben erfordert Präsenz. Es hat Auswirkungen auf die ganze Familie, wenn eine Person nicht mehr so mag, wie zuvor. Es ist wichtig sicherzustellen, dass die Energie für die Familie, so weit wie möglich, ausreicht. Hoffentlich bewältigt die Familie die Veränderung. Familienmitglieder müssen sich an die Situation anpassen und große Verantwortung dafür übernehmen, dass alle Teile funktionieren. Nicht jeder kann damit umgehen, daher gibt es leider manchmal Trennungen. Das Gefühl, nicht genug für den Partner zu sein und die Angst, denjenigen zu verlieren, den man liebt, macht es zu einem wichtigen Bereich, über den man sprechen und den man unbedingt handhaben muss. Das Gefühl der Unzulänglichkeit kann gegenseitig sein.

Einige Aktivitäten müssen zurückstehen, aber es sollte noch Energie für nette, gemeinsame Beschäftigungen vorhanden sein.

Ein Teil der Freunde verschwindet, aber neue kommen hinzu. Es gibt einige fantastische, unterstützende Personen. Manche Menschen haben wirklich das Herz am richtigen Ort. Das zu wissen, ist wunderbar.

Ein Rat, welchen ich bekam, lautet, immer neuen Leuten zu sagen, dass man an Hirnermüdung leidet. Persönlich wähle ich, wem und wann ich es sage. Es ist für mich nicht selbstverständlich, dass es zum ersten Eindruck gehört.

Sicherlich ist es für Kinder traurig, wenn sie nicht ihre Freunde, in irgendeiner Weise, mit nach Hause nehmen können. Aber bloss einen Freund am Tag könnte gehen. Man vermag möglicherweise nicht die grösste Kinderparty zu organisieren, aber Sie könnten dabei helfen.

Ich denke, es ist für Kinder nützlich, früh zu lernen, Verantwortung zu übernehmen, natürlich in angemessenen Grenzen.

Lassen Sie sie also selbst dafür verantwortlich sein, welche Kleidung sie bei verschiedenen Aktivitäten einpacken müssen.

Die Leute werden nicht so oft nach Hause eingeladen, da es viel Energie kostet, ein Abendessen zu planen und vorzubereiten. Man vermeidet grosse Feste, weil es Gehirnkraft erfordert, um mit vielen Menschen in zugegebenermassen glücklichen, aber lauten Umgebungen zu verbringen. Und man weiss, dass dies in den folgenden Tagen mit extremer Müdigkeit bestraft wird. Aber natürlich kann man mit seinen Freunden in Kontakt bleiben, einfach auf andere Weise. 😊

Es ist wichtig zu berücksichtigen, dass sich der Urlaub für alle Familienmitglieder lohnt. Die Erwartungen sind oft hoch und können vor dem Urlaub ganz anders sein. Selbst wunderbare freie Zeit kann für ein müdes Gehirn mit zu viel gefüllt werden. Ein kluges Management der Zeit und des Füllens ist erforderlich, damit sich alle zufrieden und ausgeruht fühlen, wenn die Arbeit dann wieder startet.

19.4 Freizeit

Nun hat man eine Form für seine Hobbys gefunden, die superwichtig sind, um Energie zu tanken und sich gut zu fühlen. In der Gemeinschaft zu sein, mit anderen zu interagieren, vielleicht über Vereine, gibt einem wirklich viel, selbst wenn man eine untergeordnete Rolle einnimmt.

Ist man ans Reisen gewöhnt, können es weniger werden, da sie mit all den Reizen viel Gehirnkapazität beanspruchen. Inspirierend ist dennoch eine Luftveränderung, so kann man gelegentlich eine Reise wagen. Jede Reise zwischendurch ist schön. Wenn man tagsüber zusätzlichen Schlaf benötigt, muss man herum fragen. Seltsamerweise ist es oft möglich, eine separate Ecke zu finden, wenn man keine grossen Anforderungen hat. Ich habe zum Beispiel auf Parkbänken in Paris, auf Plätzen in

Florenz und im Personalraum von Skansen, einem Vergnügungspark in Stockholm, geschlafen.

Als hirnermüdete Person lernt man viel über sich selbst. Es kann manchmal schmerzlich sein, aber mit einer grösseren Perspektive hat man grossen Nutzen aus diesem Wissen. Man lernt auch viel über andere Menschen, wodurch man einen grossen Vorteil hat.

Ich erfahre, dass mein Bauchgefühl für das, was funktionieren wird und nicht, was gilt, viel stärker geworden ist. Die Sensibilität hat zugenommen und man kann davon profitieren, um nicht in das falsche Projekt, falsche Aufgaben, falsche Beziehungen usw. zu geraten. So kann man seine erhöhte Sensibilität nutzen, um sein Leben besser zu steuern. Praktisch, nicht wahr?!

Man kann sogar ein Vorbild für andere werden ... wenn man es schafft.

19.5 Ratschläge für die Nachhaltigkeitsphase

19.5.1 Ratschläge für den Chef

- Seien Sie feinfühlig, was die Person vermag und geben Sie ent-sprechende Aufgaben. Konzentrieren Sie sich darauf, was gut funktioniert. Rückblickend kann die Arbeitsbelastung in kleinen Portionen erhöht werden.

- Seien Sie aufmerksam, wie Mitarbeiter mit dem Betroffenen umgehen.

- Zeigen Sie, dass Verschiedenheit in Ordnung ist.

- Keine Diskriminierung, sondern Berücksichtigung.

- Coaching. Entsprechend neue Ideen haben Sie wahrscheinlich durch einen Mitarbeiter, der einen anderen Ansatz und eine positive Sensibilität entwickelt hat, wovon der Arbeitsplatz profitieren kann. Zum Beispiel, um Dinge wahrzunehmen, die unausgesprochen vor sich hin schwelgen.

- Die Person will tüchtig sein. Eines der grossen Ziele für einen Gehirnermüdeten ist es zu zeigen, dass man immer noch gut genug ist. Ermutigen Sie sie, geben Sie Feedback und sind Sie an Verbesserungen in Person und Arbeitsplatz interessiert.

- Notieren Sie in Entwicklungsgesprächen, was die betroffene Person gelernt hat zu schaffen, und welche Fortschritte sie erzielt hat. Fortschritte kommen die ganze Zeit!

- Lohngespräche und Lohnniveau müssen möglicherweise mit Sorgfalt gehandhabt werden. Die Person setzt sich vielleicht nicht mehr so für sich ein, macht aber wahrscheinlich dennoch einen guten Job. Sehen Sie die Qualität des Ergebnisses und denken Sie mit dem Herzen.

- Stellen Sie sicher, dass Sie eine gute Beziehung zu der Person haben.

- Sorgen Sie dafür, das Sie in allen Situationen mit ihr rechnen.

- Fordern Sie kein After Work oder andere freiwillige Abendaktivitäten. Es kann mehr Gehirnleistung kosten, als es erfreut.

- Beachten Sie, dass Konferenzen vom Typ 1-2 Tage für die Person sehr anspruchsvoll sein können.

- Sind Sie neu in der Führungsrolle? Finden Sie heraus, ob jemand eine versteckte Behinderung hat, damit Sie viel bessere Chancen haben, einen guten Job zu machen.

- Überlegen Sie, wie Sie mit der Person sprechen, denn sie ist nicht dumm. Wenn sie nicht mit dem Gespräch Schritt zu halten scheint, kann dies daran liegen, dass sie Informationen verarbeitet oder gerade eine Antwort formuliert.

- Gespräche unter vier Augen laufen besser als in einer grossen Gruppe, in der viele Gespräche parallel stattfinden.

„Worauf Sie sich konzentrieren, bringt Ihnen mehr. Wählen Sie den Fokus also mit Bedacht aus."

19.5.2 Ratschläge für den Personalverantwortlichen

- Sie sollten im Hintergrund sein, aber es gehört zu Ihrer Arbeit, dass sich die Mitarbeiter wohl fühlen.

- Seien Sie aufmerksam.

- Beachten Sie das Individuum und deren Anstrengungen.

- Stellen Sie sicher, dass bei der Arbeit die Bedürfnisse der betroffenen Person so weit wie möglich erfüllt werden.

- Unterstützen Sie in diesem Zusammenhang den Vorgesetzten bei seinen Aktionen.

- Denken Sie daran, dass sich die Person weiter verbessern kann, solange sie die Grenze nicht überschreitet. Rechnen Sie mit einer kontinuierlichen Verbesserung, die möglicherweise nicht von Monat zu Monat messbar ist. Langfristig werden Sie jedoch einen Unterschied feststellen. Haben Sie eine langfristige Perspektive.

- Stellen Sie sicher, dass die Kultur förderlich ist und dass es eine faire Kumpelposition in der Organisation gibt.

- Keine andere Behandlung, aber stehen Sie auf der Seite des Betroffenen, wenn es um organisatorische, lokale Änderungen und Umzüge geht.

- Verfolgen Sie, wie Arbeit und Arbeitsumgebung für die be-troffene Person funktionieren.

- Seien Sie nett, es ist selbstverständlich, dennoch möchte ich es betonen.

19.5.3 Ratschläge für Freunde und Kollegen

- Seien Sie nachgiebig.

- Verunglimpfen Sie niemals öffentlich die Ergebnisse, die ein Hirnermüdeter erzielt.

- Schauen Sie nicht auf den Betroffenen herab. Er ist nicht ärmer. Es ist nur müder.

- Unterstützen Sie in angemessenen Grenzen.

- Seien Sie vorsichtig mit den Aufgaben / Verpflichtungen, die Sie einem Hirnermüdeten auferlegen. Zusätzliche Dinge wie die Kaffeepause zu organisieren, was den meisten keine Mühe bereitet, kann besonders anstrengend und ermüdend sein. Fragen Sie zuerst.

- Laden Sie einen Gehirnermüdeten in ein Gespräch ein. Es kann schwierig sein, sich in eine grössere Gruppe miteinzubringen.

- Sehen Sie ein, dass eine Gehirnermüdeter das gleiche Wissen wie zuvor hat, dass es jedoch etwas länger dauern kann, bis es den Mund erreicht, und dass die

Person möglicherweise weniger Dinge parallel verarbeitet.

- Ermöglichen Sie einem Betroffenen, sich beispielsweise während intensiver Gruppenarbeit auf Konferenzen, zusätzlich auszuruhen.

- Verstehen Sie, dass Hirnermüdung eine Vielzahl anderer Dinge bewirken kann, eine Art aktive Ruhe, bei der sich das Gehirn ausruhen kann, während der Körper in Gang ist. Verschiedene Teile des Gehirns können schnell unterschiedlich müde werden. Ich bin es schrecklich leid, eine Stunde lang Auto zu fahren, aber ich kann drei Stunden lang segeln. Ich habe es satt, geführt zu denken, aber ich ruhe mich aus, während ich Kreuzworträtsel löse.

- Lassen Sie es gut sein, dass die Person nicht am Mittagessen in der Stadt oder nach der Arbeit teilnimmt. Fragen Sie dennoch, irgendwann kommt sie vielleicht mit.

19.5.4 Ratschläge für die Familie

- Helfen Sie, Entscheidungen zu treffen. Eine Hirnermüdeter kann Mühe haben, Beschlüsse zu fällen. Und es ist schwierig für ihn, die Verantwortung darüber zu haben, was man machen soll. Ups! Es ist wichtig, dass die Entscheidungen im Einklang mit dem stehen, was der Betroffene tun kann und sich dabei gut fühlt. Der abrupte Entschluss, „jetzt machen wir das", ist selten gut. Der Entscheidungsträger muss wissen, was angemessen ist und welche Konsequenzen dies haben wird, indem er die Vor- und Nachteile gegeneinander abwägt und das Wissen darüber einbezieht, was der

Betroffene leisten kann und was später im Tages- oder Wochenplan steht. Ein bisschen knifflig, aber es geht.

- Seien Sie nicht beleidigt, wenn Vorschläge nicht angenommen werden, es liegt wahrscheinlich nicht an Bosheit.

- Verteilen Sie die Aktivitäten zu Hause so, dass sie für alle akzeptabel sind.

- Lassen Sie die Kinder angemessene Verantwortung übernehmen.

- Finden Sie gemeinsame Freizeitaktivitäten.

- Machen Sie ausserdem mit Ihren eigenen Interessen weiter, jeder muss auf seine eigene Art und Weise Kraft schöpfen.

- Planen Sie Ihre Urlaubswochen ein wenig fächerartig, damit Sie Zeit finden, Energie in das zu stecken, was jeder will und braucht, ohne im Widerspruch zu dem zu stehen, was der Partner beabsichtigt hat. Der Urlaub darf nicht zu einem Elite-Lauf für den Betroffenen werden.

- Lassen Sie den Hirnermüdeten so viel ruhen, wie er es braucht.

- Nehmen Sie es nicht persönlich, wenn die Stimmung des Be-troffenen schwankt. Wut oder Weinen ist ein klares Signal dafür, dass jetzt Müdigkeit einsetzt.

- Beachten Sie, wenn der Hirnermüdete das Verhalten ändert, leichter gereizt wird, sich gehetzt fühlt oder mehr und mehr abwesend ist. Es kann ein Signal sein, dass es zu viel ist und dass es der Punkt ist, hineinzugehen und abzubrechen, bevor ein Rückschlag erfolgt.

19.5.5 Ratschläge für den Direktbetroffenen

- Lernen Sie sich und Ihre Grenzen kennen und halten Sie sich daran. Die Wortwahl ist begrenzt und fühlt sich nicht sehr gut an, aber Sie müssen eine Ebene finden, die funktioniert:

- Kurzfristig: Was kann ich heute tun? Wie nah bin ich an der Grenze?

- Langfristig. Was kann ich während der Woche tun? Nächste Woche? Nächsten Monat?

- Überprüfen Sie Ihre Aktivitätspunkte und passen Sie sie an. Sie ändern sich im Laufe der Zeit.

- Sie müssen nichts beweisen!

- Nehmen Sie mehrere und kurze Pausen.

- Fügen Sie Ihrem Leben Dinge hinzu, anstatt sie zu löschen. Das Hinzufügen ist aufbauender als das Entfernen. Fügen Sie Ihre eigene Zeit hinzu, Ruhezeit. Füllen Sie Ihren Tag mit erhol-samen Sachen.

- Stellen Sie sicher, dass Sie bei der Arbeit das bekommen, was Sie brauchen, in Form eines ruhigen Arbeitsplatzes und gerade genug Reizen. Eigenes Zimmer oder zumindest die Möglichkeit zu wählen, mit wem Sie ein Zimmer teilen möchten. Ein Grossraumbüro ist vermutlich nicht geeignet.

- Wägen Sie ab, was Sie ertragen können. Tatsächlich können trotz der Arbeit mit Erwachsenen lächerliche oder mehrdeutige Kommentare auftreten. Es ist wahrscheinlich so, dass sie nicht verstehen, dass Sie anders arbeiten. Seltsamerweise kann es sein, dass Sie Rücksicht auf diejenigen nehmen, die dies nicht erkennen. Bereiten Sie einen Text vor, der bei Bedarf das Gedächtnis unterstützen kann. Erklären Sie Ihre Art zu handeln, was Sie gemacht haben, was Sie brauchen und was Sie gut können.

- Sagen Sie es, wenn es am Arbeitsplatz nicht funktioniert.

- Bereiten Sie sich wirklich gut auf Arbeitstreffen vor, damit es Ihnen besser gelingt.

- Manchmal ist es gut doppelt zu überprüfen, was Sie getan haben. Es fühlt sich gut an, Qualität zu liefern, wenn Sie etwas langsam sind.

- Zeigen Sie sich im Pausenraum, auch wenn es mit allen Ge-räuschen schwierig ist. Sitzen Sie nicht lange, aber es ist wichtig, sichtbar zu sein, um nicht vergessen zu werden.

- Tragen Sie immer Ohrstöpsel bei sich, um sie bei Bedarf zu verwenden.

- Überschätzen Sie nicht Ihre Möglichkeit, extra zu arbeiten.

- Messen Sie sich nicht, um sich als gut zu beweisen.

- Hartes Körpertraining kann viel Gehirnkapazität beanspruchen. Versuchen Sie, mit einer angemessenen Belastung des Gehirns zu trainieren.

- Allein vor dem Fernseher oder Computer zu trainieren kann besser funktionieren als ins Fitnessstudio zu gehen.

- Listen Sie die Situationen auf, in denen Sie die grössten Probleme haben, und finden Sie nach Möglichkeit Lösungen, die diese Situationen erleichtern.

- In anderen Sachen Ordnung zu halten wird lästig. Lassen Sie Familienmitglieder für ihre eigenen Sachen und die Ordnung um sie herum verantwortlich sein.

- Das Packen von Koffern erfordert viel Gehirnkapazität. Was muss mit, wie lange ist man weg, welches Wetter, welche Art von Kleidung, Dinge, Lunchpaket usw. Es ist schwer zu merken, was bereits verpackt ist und was noch übrig ist. Pack-listen verwenden und abhacken. Was das Packen der Kinder angeht, liess ich sie selbst packen und dann kommen und zeigen. Gemeinsam konnten wir dann sehen, was fehlte, und es war für mich enorm viel einfacher, als ihre Sachen einzu-packen.

- Reservieren Sie ein paar Tage Ihres eigenen Urlaubs für sich, in denen Sie genau das tun können, was Sie wollen und brauchen, ohne den Erwartungen anderer zu widersprechen.

- Freunde haben möglicherweise Schwierigkeiten, mit Ihrem neuen Selbst umzugehen. Sie können auf diejenigen ver-zichten, die nicht damit klarkommen. Verzweifeln Sie nicht, irgendwann werden neue kommen.

- Nehmen Sie Hilfe von anderen Eltern an und koordinieren Sie die Kinderbetreuung. Arrangieren Sie etwas Einfaches. Es muss nicht exklusiv sein.

- Planen Sie nicht jeden Tag grosse Aktivitäten ein. Was wie gross ist, urteilen Sie selbst. Manchmal kann es zu gross sein, mit jemanden einen Kaffee zu trinken.

- Gehen Sie montags oder dienstags in ein Restaurant. Es gibt weniger Besucher und Sie erhalten einen besseren Service.

- Wagen Sie es, Geschäfte und Restaurants zu bitten, die stö-rende Musiklautstärke zu reduzieren. Normalerweise werden sie nicht ganz abstellen.

- Bewegung und Sport sind enorm wichtig. Gehen ist ein hervorragendes Training und eine Gehirnruhe im selben Paket. Selbst gehe ich gerne und hänge meinen eigenen Gedanken nach.

- Loben Sie sich selbst. Jemand sagte mir, dass 9 Komplimente erforderlich sind, um jeden kritischen Kommentar zu neutralisieren. Ich denke, da ist was dran. Normalerweise legen Sie zu viel Wert auf negative Kritik. Um dies auszugleichen, sollten Sie grosszügig sein und sich loben. Wenn Sie Ihr Bestes gegeben haben, überschütten Sie sich mit Lob.

- Meditation, Yoga, reduzieren Kopfschmerzen und eignen sich besser als Schmerzmittel.

- Unterstützen Sie die Heilung. Nun krümmen sich alle Leser. Heilung? Wenn Sie in Hirnermüdung leiden, ist meine Empfehlung, alles zu versuchen! Seien Sie offen für neue Möglich-keiten. Es kann auf andere Weise helfen als die klassische Medizin. Tun Sie das, was Ihnen gut tut.

20 Phase Rückschläge

Rückschläge sind nicht amüsant, sind aber leider sehr verbreitet und daher notwendig, um hier zu erwähnen. Rückschläge treten auf, wenn man mehr tut, als das Gehirn vermag. Ich meine nicht, wenn man ein paar Stunden zu viel gearbeitet hat. Denn danach kann man sich ein paar Tagen ausruhen und erholen. Hier geht es darum, die Grenze für einen längeren Zeitraum überschritten zu haben, vielleicht 2-3 Wochen oder länger. Das Gehirn wird müde und schaltet ab. Vermeiden Sie dies um jeden Preis! Man muss sein Nachhaltigkeitsniveau im Auge behalten und darf es niemals überschreiten.

Wenn es dennoch passiert, geschieht es schneller als man es sich vorstellen kann. Plötzlich findet man keine Reservekraft mehr, um hinzuzufügen. Abbrechen und Auszeit. Vor der Hirnermüdung gab es jederzeit zusätzliche Kraft, aber nun gibt es keine mehr. Das ist sehr wichtig zu wissen. Wahrscheinlich lernen es die meisten Menschen auf die harte Tour und nach 2-3 Rückschlägen sieht man ein, wie man funktioniert.

Die Folge eines Rückschlags ist, dass man rasch auf ein Aktivitäts-niveau zurückgeworfen wird, das weit unterhalb des bereits erreichten Niveaus liegt. Man muss sich vermutlich für einen längeren Zeitraum ausruhen. Ich spreche von Wochen oder Monaten und dann beginnt man, seine Beständigkeit auf der neuen unteren Ebene aufzubauen, auf der man landete. Jedes Mal, wenn man zurückgeworfen wird, befindet man sich in einer schlechteren Ausgangsposition als zuvor.

Vielleicht ist man dabei, etwas Wichtiges bei der Arbeit zu vervollständigen, und möchte die letzten Anstrengungen unternehmen, um es zu erledigen. Es ist nur noch wenig übrig und man wäre erfolgreich, wenn es gelänge. ... Lassen Sie es sein! Holen Sie sich Hilfe.

Es kann auch um andere Dinge gehen, als zu viel zu arbeiten. Eine lange Reise kann einen völlig ermüden. Eine nette Party mit vielen glücklichen Menschen kann 40-50 Aktivitätspunkte kosten; siehe Kapitel Aktivitätspunkte oben. So viele Punkte an einem Tag funktionieren einfach nicht.

20.1 Erfahrungen

Die Erfahrung, wenn man einen Rückschlag erleidet, ist besonders bedauerlich. Man wird auf ein Niveau zurückgeworfen, auf dem man lange zuvor war. Wenn man Pech hat, liegt man wieder ganz am Anfang oder gar tiefer. Der Schaden wurde bereits angerichtet.

Das Gehirn ist überfüllt an Informationen, über seine gesamten "Bandbreite" voll betroffen, dass es zu einem Stopp kommt. Die Gehirnvorgänge sind nicht nur harzig, sie haben fast aufgehört. Die Gedanken stehen Schlange und nichts kommt heraus, ähnlich den Staus am Sonntagabend auf der Autobahn E4 nach Stockholm. Die Kommunikation zwischen den Gehirnzellen stagniert. Es fühlt sich an, als ob das ganze Gehirn anschwillt, als würde es nicht mehr in den Schädel passen und man wird sehr, sehr müde.

Man muss zu einem viel niedrigeren Aktivitätsniveau zurückkehren, sich viel ausruhen und von dort aus neu beginnen. Nun fühlt es sich an, als wäre es Überleben. Die Energie, um das Übliche zu tun, existiert nicht. Starke Kopfschmerzen, zusätzlich verstärkter Tinnitus, über-drehtes Gehirn, das sich weigert, langsamer zu werden, obwohl es nicht funktioniert, sind meiner Meinung nach, die häufigsten Symptome. Plus Schlafstörungen.

Man schämt sich und ist wütend darüber, dass man nicht in der Lage ist, das richtige Aktivitätsniveau aufrechtzuerhalten.

20.2 Beruf

Wahrscheinlich muss man einige Wochen oder Monate krankgeschrieben werden. Es kann sich für den Betroffenen grausam erschwert anfühlen und tangieren auch den Arbeitgeber und Kollegen.

20.3 Familie

Die Familie berührt es immer, das ist unvermeidlich. Ein Rückschlag ist für alle schwer. Die Familie, diejenige, welche einem am nächsten steht, einem vorher und ohne Erkrankung kannte, ist am besten geeignet, um es zu sehen und einem zu warnen, wenn es zu viel wird. Es gibt gewisse Muster, die sich im Gehirn wiederholen, wenn es ermüdet. Sie sind vermutlich individuell. Wenn ich anfange, die falschen Wörter zu sagen oder keine finde, reagiert meine Familie und weist mich darauf hin, dass es jetzt wahrscheinlich ein bisschen viel für mich ist. Zeit zum auszuruhen. Dies ist ein kleines Warnsignal. Aber wenn ich unkonzentriert werde und keine Entscheidungen mehr treffen kann, sowie schlimme Schimpfwörter nutze (oh je!), bedeutet dies, dass ich nicht mehr klar denken kann, dann mehr und mehr von mir selbst fordere und gleichzeitig ziemlich selbstkritisch werde. Meistens bemerke ich selbst, dass die Dinge für mich nicht funktionieren und bin höchst irritiert. Ich kann so wütend werden, dass Tränen fliessen, weil mein Gehirn nicht richtig funktioniert. In dieser Lage ist es Zeit für den Partner, sanft dazwischen zu kommen und zu unterbrechen, Ruhe zu schaffen und sicherzustellen, dass ich nicht in eine beschleunigte Abwärtsspirale gerate, von der wir wissen, dass sie zu einer Überlastung meines Gehirns führt. Wenn es soweit ist, habe ich fast die Fähigkeit verloren, mein Verhalten selbst zu stoppen. Nach einem solchen Ereignis, das sich über mehrere Tage oder Wochen aufgebaut hat, ist eine ruhige Zeit von einigen Wochen nötig, um nicht wieder krankgeschrieben zu werden, sowie eine verständnisvolle Familie.

20.4 Freizeit

Klar werden Freizeitbeschäftigungen zurückgesteckt, dennoch ist es wichtig, ein wenig Zeit mit etwas zu verbringen, was einem gefällt und Spass macht.

20.5 Ratschläge für die Rückschlagsphase

20.5.1 Ratschläge für den Chef

- Gibt es ein Muster, welches ermöglicht zu erkennen, wenn ein Gehirnermüdeter zu reichlich aufgenommen hat? Gehen Sie hin und besprechen Sie mit der betroffenen Person, wenn Sie einen Unterschied in ihrem Verhalten feststellen. Am besten natürlich vor dem Rückschlag.

- Sehen Sie die Ursache, warum es zu viel wurde? Eine zu grosse Aufgabe, zu kurze Zeit, Unordnung im Arbeitsumfeld?

- Machen Sie Vorschläge zum Empfang, wenn der Betroffene an den Arbeitsplatz zurückkehrt. Nächstes Mal gelingt es besser.

- Wenn Sie der neue Chef für der betroffenen Person sind, sollten Sie Wissen und Informationen über die Hirnermüdung und die Vorgeschichte Ihres Mitarbeiters erhalten.

- Wählen Sie Ratschläge aus dem Kapitel Chaosphase.

20.5.2 Ratschläge für den Personalverantwortlichen

- Finden Sie heraus, was passiert ist.

- Nun wissen Sie mehr darüber, was der Betroffene bewältigt. Bringen Sie dieses Wissen mit angepassten Aufgaben und Unterstützung in die fortsetzende Arbeit mit ein, wenn die Person wieder zurück ist. Somit verläuft die Rückkehr schneller und reibungsloser als beim letzten Mal.

- Wählen Sie Ratschläge aus dem Kapitel Chaosphase.

20.5.3 Ratschläge für Freunde und Kollegen

- Wählen Sie Ratschläge aus dem Kapitel Chaosphase.

20.5.4 Ratschläge für die Familie

- Unterstützen Sie sie auf jede Art und Weise, speziell das Selbstvertrauen des Betroffenen.

- Begleiten Sie sie bei Arztbesuchen, zur Versicherung und Beratung.

- Stellen Sie sicher, dass Sie Ihre eigene Ruhe und Kraft bekommen.

20.5.5 Ratschläge für den Direktbetroffenen

- Die Situation ist hart, aber denken Sie daran, dass Rückschläge den meisten passiert. Es braucht Zeit (ich weiss, ich nerve 😊), um zu lernen, wo man seine neuen Grenzen hat.

- Sie können sich wiederaufbauen und haben dann mehr Wissen über Ihre Fähigkeiten.

- Ruhen Sie sich aus. Aktive Erholung.

- Passen Sie den Wert Ihrer Aktivitätspunkte an.

- Haben Sie Geduld.

„Es ist wichtig, unter den richtigen Bedingungen zu arbeiten."

Teil 3

Weitere Aspekte, meine Reise und Gehirnpflege

21 Arbeitstraining

Es ist gut, die Rückkehr zur Arbeit mit einem Training zu beginnen. Die Möglichkeit hierfür ist begrenzt. Es gibt Regeln dafür, wie oft man dies tun kann und wie lange man damit beschäftigt ist. Nach langer Abwesenheit ist dies jedoch ein guter Weg, mit der Arbeit zu beginnen. Es gibt keine Forderung, eine Aufgabe zu erledigen, wofür man nicht bereit ist. Sprechen Sie mit Kollegen und erfahren Sie, was bei der Arbeit los ist.

Hat man einen Arbeitsplatz, an dem es unmöglich ist weiterzumachen, kann man versuchen, das Arbeitstraining an einem anderen Ort zu erhalten; in erster Linie innerhalb der eigenen Organisation, an zweiter Stelle ausserhalb. Der Vorteil des Arbeitstrainings an einem fremden Ort besteht darin, dass man nicht mit seinem früheren Selbst verglichen wird und nicht in seine früheren Aufgaben hineingeworfen wird.

22 Jobwechsel

Als Hirnermüdeter kann man nicht mehr so einfach den Job wechseln. Auch Teilzeitjobs sind rar.

Wenn man in einer Bewerbung schreibt, hirnermüdet zu sein, wird man ziemlich sicher bereits in der ersten Runde aussortiert, obwohl man andere gute Qualifikationen hat. Ich möchte denken, dass es auf der Unwissenheit beruht, dass Hirnermüdete eigentlich eine gute Kapazität haben könnten.

Sucht man einen Teilzeit- oder einfacheren Job, kann man wegen den früher erworbenen Verdiensten als überqualifiziert abgestempelt werden und wird deshalb nicht eingestellt.

Ich habe es immer so betrachtet, dass man über seine Hirnermüdung berichten sollte, wenn man zu einem Vorstellungsgespräch kommt, um den potenziellen Arbeitgeber nicht zu belügen, und dass es wichtig ist zu betonen, dass man immer noch klug ist und Strategien für den Umgang mit seiner Ermüdung hat.

Später wurde mir jedoch von Managern, die ich kenne, geraten, in einem Vorstellungsgespräch nicht auf die Hirnermüdung einzugehen, da es nicht von Interesse ist, wenn es den Job nicht beeinflusst. Wird einem ein Job angeboten und man weiss, dass man es schafft - warum sollte man sich mit unnötigen irrelevanten Informationen beschäftigen? Wenn man viele Jahre mit seiner Hirnermüdung gelebt hat, weiss man ganz genau, was funktioniert.

Hier lasse ich frei zu wählen, was sich für Sie am besten anfühlt. Stellen Sie einfach sicher, dass Sie für den Rest Ihres Lebens beständig sind.

Vielleicht kann man sich in einer Testphase bewähren. Viele Unternehmen haben Probezeiten im Einstellungsprozess. Gewiss kann es schwierig sein, einen Job zu kündigen, wenn man einen anderen ausprobiert. Aber normalerweise erhält man dafür unbezahlten Urlaub, zumindest wenn man in Schweden beim Staat, einer Gemeinde oder einem Landkreis arbeitet.

Hat man keine Stelle, gilt es, in den Arbeitsmarkt einzutreten, ohne die besten Voraussetzungen zu haben. Wenn Arbeitgeber Wissen, Mut und Herz haben, sollte es gehen. Schlussendlich kann ein Hirnermüdeter immer noch klug sein. 😊 Einige Jobs passen wahrscheinlich schlechter für einen Hirnermüdeten. Es hängt gegebener Massen von seiner Persönlichkeit ab, wer man ist, welche Ausbildung und Fähigkeiten man hat. Ich kann mir denken, dass Stellen, welche hohe Simultankapazität erfordern, sowie häufige Entscheidungen mit vielen Beteiligten oder mit lautem Geräuschpegel, sich nicht eignen. Schnelle Würfe und harte Fristen sind wohl auch kein Grund zum Wetten. Ich stelle mir vor, dass Schichtarbeit langsichtig sich genauso wenig bewährt. Es würde mir überhaupt nicht passen, da ich einigermassen feste Zeiten für Schlaf und Erholung brauche.

Das schlechteste Umfeld, das ich mir vorstellen kann, ist gewiss ein Job in der Vorschule. Ich betrachte ihn unter allen Aspekten der Hirnermüdung als sehr anspruchsvoll. Wenn man einen solchen Job hat, möchte man vielleicht darum bitten, in eine ruhigere Umgebung versetzt zu werden. Der Arbeitgeber kann einem dabei behilflich sein, sodass man sich nicht selbst eine neue Stelle suchen muss.

Nach einigen Jahren Arbeit unwillentlich versetzt zu werden, kann passieren, wenn der Arbeitgeber nicht an die Fähigkeit des Hirnermüdeten glaubt. Dies kann verdeckt geschehen. Aufgaben des Betroffenen wandern Stück für Stück zu einem anderen. Es endet mit dem sogenannten Arbeitsmangel. Eine betroffene Person sollte diesbezüglich wachsam sein und rechtzeitig vor Aufgabenende Bescheid geben. Eine Versetzung kann offen und gerechter geschehen, wenn man einen Dialog führt und damit sieht, welche Auswahl möglich ist. Sicherlich mühsam für einen Betroffenen, aber auf jeden Fall ehrlich und klar.

Ich habe es ein paar Mal geschafft, die Stelle zu wechseln. Von der Arbeit mit Menschen habe ich profitiert, die meine Verdienste und Leistung bescheinigen konnten. Das erste Mal war tatsächlich während meinem Berufstraining, als ich mich entschied, in einem anderen Teil des Unternehmens zu arbeiten. Ich teilte einen Raum mit einer Person, die dann Chef wurde. Ich hatte ihm bei einigen kleineren Aufgaben geholfen und wollte in diesem Teil des Unternehmens weitermachen. Als er Manager wurde, stellte er mich ein.

Ich war so dankbar und liess es ihn wissen.

„Ich stelle dich nicht ein, weil ich nett bin. Ich stelle dich ein, weil du tüchtig bist! " sagte er. Diese Worte waren mir Gold wert und sind es immer noch.

23 Ökonomie

Die Finanzen sind betroffen wie alles andere der Krankschreibung. Es kann langfristig sein und es ist ratsam, sich daran anzupassen. Man vermag nicht mehr so viel arbeiten wie zuvor. So verdient man einerseits weniger Geld. Andererseits muss man beispielsweise eventuell mehr Geld für zusätzliche Hotelnächte ausgeben, da man nicht die gesamte Reisestrecke an einem Tag zurücklegen kann.

Wahrscheinlich muss man mit einer schlechteren Lohnentwicklung rechnen. Es sei denn, man hat einen guten Geschäftssinn oder kann auf andere Weise Einkommen erzielen. Man hat selten die Kraft für zusätzliche Jobs.

Wenn man mit einem Teilzeitpensum arbeitet, wird das Gehalt natürlich erheblich beeinflusst.

In Schweden erhält man eine Entschädigung von der Versicherungskasse, die jedoch nur auf einen bestimmten Prozentsatz des Gehalts entfällt. Die Rente ist offensichtlich betroffen - aber was kann man dagegen tun? Freuen Sie sich darüber, hier zu sein!

In der Schweiz springen ebenfalls Versicherungen ein – zunächst die des Arbeitgebers bei Erwerbsausfall, dann später kann man eine IV-Rente (Invalidenversicherung) beantragen.

24 Nachsicht mit den Gesunden

Die Hirnermüdung mit allem, was dazu gehört, ist eine echte Herausforderung für die Betroffenen. Darüber hinaus muss diese Person verstehen, dass diejenigen, die gesund sind, nicht die Einsicht oder das Bild der Problematik haben, wie man selbst. Egal wie seltsam es auch klingen mag, eine gewisse Rücksicht auf die Gesunden ist erforderlich, ein Verständnis für ihre Unwissenheit auf dem Gebiet und warum sie so handeln, wie sie es tun.

25 Sich um sein Gehirn kümmern

Wie viele bemühen sich um ihr Äusseres? Sehr viele gehen ins Fitness-studio, ziehen sich schöne Kleider an, schneiden sich die Haare, schminken sich usw.

Wie viele kümmern sich um ihr Gehirn? Tun Sie es? Ich denke nicht, dass so viele über die Wichtigkeit nachdenken, weil das Gehirn einfach nur funktioniert. Psychische Erkrankungen haben aber zugenommen. Deshalb, denke ich, sind immer mehr Menschen sich der Bedeutung einer guten Gehirngesundheit bewusst. Was kann man also tun, um seine Gehirnkapazität zu bewahren? Ich glaube, dass vieles von dem, was ich nachstehend schreibe, bekannt ist. Doch es ist immer gut, eine Gedanken-stütze zu haben, damit die Menschen sich der Bedeutung der Pflege ihres Gehirns bewusst werden.

Ratschläge

- Schlafen Sie genug.

- Ruhen Sie bei Bedarf aus.

- Aktive Erholung. Versuchen Sie, sich in der Aktivität auszuruhen, die gerade stattfindet, beispielsweise während eines Spaziergangs, beim Mähen des Grases oder beim Abwaschen von Geschirr.

- Seien Sie sich bewusst, womit man sich gut fühlt und was das Gehirn drückt.

- Schaffen Sie Momente, in denen Sie nicht denken. Nichts denken. Das ist leichter gesagt als getan.

- Tun Sie jeden Tag eine Weile nichts. Ebenfalls leichter gesagt als getan.

- Meditation ist gut für das Gehirn. Wenn es schwierig ist, sich in der Stille zu entspannen, versuchen Sie eine geführte Meditation, bei der Sie einer Stimme zuhören, die Sie auf eine innere Reise mitnimmt.

- Bemühen Sie sich auf angemessenem Niveau. Sowohl körperlich als auch geistig.

- Fügen Sie Ruhe und alles, was Ihnen gut tut, in Ihren Tages- oder Wochenplan hinzu.

- Mögen Sie es, allein zu sein. Das ist kein Problem für Hirnermüdete, aber ich denke, jeder fühlt sich gut, wenn er manchmal nur mit sich selbst zusammen ist.

- Schaffen Sie sich Zeit zum Reflektieren.

- Überschreiten Sie NIEMALS die Grenzen Ihrer Gehirnressourcen.

- Respektieren Sie Ihre Bedürfnisse. Wagen Sie es, nein zu sagen, wenn es sich falsch anfühlt.

- Setzen Sie Prioritäten.

- Nehmen Sie bei Bedarf Hilfe an z. B. bei chaotischen und schwierigen Aufgaben.

- Vermeiden Sie Alkohol- und Tablettensucht.

- Essen Sie gesund.

- Halten Sie sich mit Körpertraining in Form, davon profitiert auch das Gehirn.

- Vermeiden Sie lange Handy-Anrufe. Jetzt bewege ich mich auf glattem Eis, aber das Handy wirkt sich tatsächlich auf mein Gehirn aus, obwohl es Leute gibt, die behaupten, es sei Unsinn.

- Tanken Sie Kraft und Energie.

- Achten Sie in Ihrem Leben auf Freude und Leichtigkeit.
- Lassen Sie das Gehirn Spass haben. Bei Inaktivität fühlt es sich nicht gut an. Stellen Sie bloss sicher, dass das Gleichgewicht gut ist.

Wenn ich allein bin, langweile ich mich selten. Und wirklich da, kann ich mein Gehirn ausruhen.

26 Die Reise

Die Reise von einem angesehenen Manager mit Möglichkeiten im öffentlichen Betrieb zu einem hirnermüdeten Mitarbeiter ohne grosse Befugnisse und mit erheblich begrenzten Möglichkeiten kann mit zwei Worten beschrieben werden:

Barbarisch anstrengend!

Als Kind hatte ich einen Drang. Ich wollte immer ein bisschen mehr. Neugierig fragte ich mich, welche Möglichkeiten sich hinter der nächsten Ecke versteckten.

Vieles von dem, was ich tat, lief gut. Zum Beispiel bekam ich gute Noten in der Schule und schaffte es oft ausgezeichnet in verschiedenen Sportarten.

Gymnastik und Turnen waren ein großer Teil meines Lebens. Unzählige Sockels habe ich eifrig übersprungen. Je schwieriger desto mehr Spass. Purzelbäume, Überschläge, Hechtrollen, Flickflack, Reck und Ringe, ... Sie wissen es, oh ja, ich habe es geliebt. Sport war meine Lieblingsbeschäftigung. Das einzige, was ich bei den Schulmeisterschaften nicht als Beste konnte, waren Zielwürfe mit einem kleinen Ball. Der Körper bewegte sich dauernd und ich habe es genossen.

Am Segeln war ich auch stark interessiert. Das Gefühl, eins mit dem Boot, dem Wind und den Wellen zu sein, war einzigartig. Das Steuer-ruder wurde zu einer Erweiterung meiner selbst. Jeden Donnerstag traten wir im Club zum Regattasegeln an, womit Geschwindigkeit und Trimmfähigkeiten verbessert wurden.

Mit 17 Jahren habe ich zum ersten Mal Bogenschiessen ausprobiert und mehr als 10 Jahre damit verbracht. Hier galten neben Technologie und körperlichen Fitness auch Konzentration, Geduld und mentale Stärke. Der Wunsch, Pfeil, Bogen, Wind, Distanz und Technik voll-ständig zu beherrschen, brachte mich bereitwillig dazu, viel zu trainieren. In diesen 10 Jahren schoss ich, grob berechnet etwa 1000 Pfeile wöchentlich. Als der absolut perfekte Schuss kam, der auf 1 zu 100.000 Pfeile geschätzt wird, war die Erfahrung so unglaublich, dass sich jeder einzelne der anderen 99.999 Schüsse von schlechterer Qualität gelohnt hat.

In Schweden wurde ein mentales Training für Schiesskreise gestartet, und es bestand grosses Interesse daran, etwas über Stressbewältigung und Entspannung zu lernen. Dieses Wissen war seitdem in anderen Teilen meines Lebens von grossem Nutzen.

Ich habe auch andere Sportarten wie Tauchen, Slalom, Rudern, Basketball und Laufen ausprobiert.

Von 7 bis etwas über 20 spielte ich Geige und hier war es genauso. Der Wunsch, die Saiten, Fingersätze, Vibrato, Intonation, Notation, Staccato und verschiedene Tempi zu beherrschen, trieb mich an.

Es gab jedoch andere Studien als Musik für meine Zukunft. Ich ging zur Universität und machte meinen Abschluss als Systemwissenschaftlerin. Nach einigen Jahren als Systementwicklerin und Projektmanagerin bewarb ich mich bei einer Entwicklungseinheit des öffentlichen Sektors als Teamleiterin. Nach mehr als 10 Jahren in der Führungsposition wusste ich, dass ich von den Mitarbeitern für mein Interesse an ihrer Arbeit und ihrem Wohlbefinden im Betrieb geschätzt wurde.

Die Mentalität „Frauen können" blühte in Netzwerken auf, die in verschiedene Richtungen aufgebaut wurden, und ich war Mitglied des IT-Q-Netzwerks der IT Assoziation für Frauen in der Computerbranche.

Ich hatte sicherlich nicht in jeder Situation alles gut gemeistert, aber ich gab mein Bestes. Bisher machte ich die Erfahrung, dass die Leute an mich glaubten. Das war ein natürlicher Teil meines Lebens.

Muss ich erwähnen, dass ich Elan hatte? Ich konnte und kann vielleicht noch immer als eine leistungsstarke Persönlichkeit beschrieben werden. Es fühlte sich an, als ob ich oft Neuland betrat, weil ich einfach kein Vorbild hatte, dem ich folgen konnte. Ob ich nie Angst hatte? Ja sicher, ich bin nicht wirklich mutig. Aber zu lernen, in neuen Situationen mit meiner Angst umzugehen, war ebenfalls eine treibende Kraft.

Ich dachte, es würde bei der Arbeit schlechter gehen, deshalb strengte ich mich, wegen meiner gewohnten Treue, mehr an. Geht es nicht, versucht man ein wenig mehr! Verwirrt stellte ich fest, dass es diesmal nicht funktionierte.

Ich wechselte den Job, hatte aber das Gefühl, dass es immer schlimmer wurde. Ich war müde, verwirrt und konnte nicht mehr so denken wie zuvor. Die Erinnerung versagte und das Leben rutschte mir aus den Händen. Ich hatte nicht das Gefühl, dass ich in dieser Situation von meinem Arbeitsplatz besonders gut behandelt wurde. Sie kannten mich vorher nicht und konnten so natürlich nicht wissen, dass ich mich verändert hatte. Nach einem Jahr voller Kopfschmerzen und intensiver Migräne gab ich auf, ich zwang mich zum Arzt zu gehen und mich krankschreiben zu lassen, begleitet von Unzufriedenheit am Arbeitsplatz. Ich wurde als „Burnout" eingestuft. Aber nach einigen Monaten stellte sich heraus, dass sich hinter meinen Symptomen ein Gehirntumor befand, und jetzt hatte ich es eilig. Eine Operation innerhalb einer Woche war geplant. Ich übertreibe nicht, wenn ich sage, dass ich in Panik geriet.

Ich kann hinzufügen, dass ein enger Verwandter drei Jahre zuvor an einem Gehirntumor litt (obwohl es eigentlich nicht in der Familie liegt). Damit wusste ich über die Neurochirurgen und die Krankenhausräume Bescheid und wie schlimm es werden könnte. Mit diesem Rucksack war mein Gefühl, gelinde gesagt, erschreckend. Ich hatte mich von meinen drei- und siebenjährigen Kindern verabschiedet, ohne dass sie merkten, was ich da tat.

Doch, ich überlebte.

Wie war das Leben nach der Operation? In gewisser Weise war ich dankbar, dass es so war, wie es war und nicht schlimmer. Von dem Tag an, an dem der Tumor entfernt wurde und der Druck im Gehirn abnahm, liess das extrem schwere Gefühl, das ich zuvor hatte, langsam nach. Aber wie anders das Leben war. Das geringste Geräusch dröhnte in den Ohren und die Familie musste sich auf Zehenspitzen schleichen, als sie näherkam, nicht einfach für Kleinkinder. Die Kopfschmerzen waren immer noch sehr stark, ich hatte eine extrem kurze Zündschnur und konnte wahnsinnig auf kleine Dinge werden. Oft musste ich den Kindern klar machen, dass es nicht ihre Schuld war, dass ich wütend wurde, sondern dass es nur wegen mir war und dass ich zu müde war.

Ich konnte fast nichts tun. In allen Bereichen war meine Kapazität verständlicherweise gering. Ich wollte in Ruhe gelassen werden, konnte kaum sprechen und als ich etwas sagte, fand ich die Worte nicht, was zu Frustration und Wut führte. Das Gefühl, das Leben zu verlieren, war riesig. Es war nicht einfach, von einem sehr aktiven zu einem sehr ruhigen Leben zu gelangen. Ich konnte so wenig tun, ruhte mich prinzipiell ständig aus, obschon ein Teil aktive Ruhe war. Aber ach, was ich wollte, war anders. Es war eine schwierige Umstellung, selbst für Verwandte, die ihr Leben an die Umstände anpassen mussten. Dies umfasste alles vom Kochen, Putzen und Gartenarbeit bis zu den Aktivitäten, an denen die Familienmitglieder teilnehmen konnten. Was brachte mich dazu, damit fertig zu werden? Welche Option bleibt einem? Das ist eine gute Frage, die man sich stellen muss. Aufgeben oder zurückkommen? Die Wahl war einfach - es war keine wirkliche Wahl. Meine angeborene Sturheit war von enormem Vorteil. Dies würde ich auch noch schaffen (wie so vieles zuvor). Der Wunsch, meine Kinder aufwachsen zu sehen, war stark. Die Ärzte gaben mir Hoffnung, dass ich auf lange Sicht gute Chancen hatte, mich zu erholen. Ich war jung, sagten sie, was ein guter Ausgangspunkt war. So bekam ich von Anfang an gute Unterstützung vom Krankenhaus. Die beste Unterstützung erhielt ich von der Neurorehabilitations-klinik, mit der ich noch mehrere Jahre lang öfters Kontakt hatte. Sie verstanden die Situation, in der ich mich befand, vollständig und unterstützten mich in jeder Hinsicht, einschliesslich meine Verwandten im Rahmen des Wiederaufbauplans. Ich denke auch, dass ich von all dem körperlichen und geistigen Training, dem ich mich früher im Leben widmete, nun stark profitierte.

Langsam, aber sicher ging es mir besser. Zugegeben, einige Funktionen waren weg, zum Beispiel hatte ich den grössten Teil des Wortschatzes verloren, konnte nicht zählen und hatte ein schlechtes Gleichgewicht, aber es ging aufwärts.

Eine Sache, die mich wirklich weiter kämpfen liess, war das Segeln. Vieles bei mir funktionierte zu dieser Zeit schlecht, aber zufälligweise stellte ich fest, dass meine Segelfähigkeiten nicht verloren waren. Einer meiner Söhne nahm an einem Segelcamp teil. Für die Erwachsenen wurde eine Plausch-Segelregatta mit Optimist-Jollen organisiert, bei der ich mitmachte. Dabei stellte sich heraus, dass ich noch segeln konnte. Ich startete grottenschlecht, was mich nicht überraschte, weil ich ja gesundheitliche Probleme hatte. Aber bei der ersten Kreuzmarke wendete ich als erste und genau da, an der orangefarbenen Boje, wurde mir klar, dass das Leben nicht gelaufen ist, es sich lohnt, dafür zu kämpfen. Ich behielt den Vorsprung bis ins Ziel und gewann. Dies war das wichtigste Rennen meines Lebens. Dieser Sieg war für mich grösser, als olympisches Gold zu gewinnen. Die Perspektive verändert sich abhängig von der Gesundheit. 😊

Man beachte, dass das Gehirn nicht wie ein Muskel arbeitet. Ein Muskel wird stärker, je mehr er einer Belastung ausgesetzt wird. Bei einem Gehirn funktioniert das nicht genauso. Im Gegenteil, es wird erschöpft und in seiner Tätigkeit geschwächt, wenn man es zu stark beansprucht. Es wird ein kniffliger Balanceakt zwischen Aktivität und Ruhe.

Nach zwei Jahren begann ich mit dem Training, um wieder arbeiten zu können. Ich wollte nicht zu meiner Stelle zurückkehren, sondern nutzte die Gelegenheit, in einem anderen Teil des Unternehmens zu sein. Es gab nur wenige, die mich kannten und die mich nicht mit meinem alten Ich vergleichen konnten, sondern mich so nehmen mussten, wie ich war und davon ausgingen. Ich machte die Erfahrung, dass man mich positiv aufnahm. Zunächst verbrachte ich zwei Stunden an drei Tagen pro Woche dort. Ich hatte keine direkten Aufgaben, aber Zeit, um zu erfahren, was am Arbeitsplatz vor sich ging, Kaffee zu trinken und neue Leute kennenzulernen. Manchmal musste ich etwas überprüfen, was jemand gemacht hatte, womit ich mich nützlich fühlte. Gut für das Selbstvertrauen! Nach etwa einem halben Jahr konnte ich mit einem 25%-Pensum anfangen zu arbeiten.

Es fühlte sich gut an, echte Aufgaben zu erledigen. Aber plötzlich sollte ich Ergebnisse liefern. Dank eines guten Vorgesetzten verlief der Übergang gut, aber das Gefühl, es nicht wie früher zu können, wurde klarer. Ich sah ein, dass noch ein langer Weg vor mir lag.

Vier Jahre nach der Operation wurde ich (gemäss Versicherung) von 25% auf 50% „gesundgeschrieben". Meine Hirnkapazität war jedoch nicht auf dem Niveau, um die Anzahl der Arbeitsstunden von einer Woche zur nächsten zu verdoppeln. Um eine Eskalation zu vermeiden, nahm ich mir Teilauszeit für die Stunden, die ich brauchte. Für mich war es gerade genug, eine halbe Stunde pro Tag länger zu arbeiten und auf diesem Niveau zu bleiben, bis ich spürte, dass es hielt, um dann wieder um eine halbe Stunde pro Tag zu erhöhen. So schaffte ich es auf ein Arbeitspensum von 50%. Dies hat aber ein paar Jahre gedauert.

Ich hatte das Gefühl, die Autorität verloren zu haben. Ich war nicht mehr an wichtigen Entscheidungen beteiligt, wenn sie nichts mit meiner Arbeitssituation zu tun hatten. Es fühlte sich schwerfällig an. Dank meines Wissens konnte ich dennoch nützliches liefern, indem ich Arbeitsmodelle entwickelte, die dann im Unternehmen umgesetzt wurden.

Das Leben im Allgemeinen war völlig anders als zuvor, wir haben nicht mehr so viel mit Freunden unternommen, mit der Folge, dass einige Freunde verschwanden. Wir hatten aufgehört zu reisen. Es waren viele Anpassungen nötig: Schlafzeiten, andere Aktivitäten der Familie, Transport usw., um das Reizniveau zu senken. Alles, was geschehen würde, unterzog sich einer Beurteilung, ob es möglich war, zu bewältigen oder nicht.

Ich blieb bei meinem 50% Pensum, versuchte aber selbst ein wenig zu erhöhen, aber es führte dazu, dass ich erschöpft wurde und dass Müdigkeit, Kopfschmerzen und Tinnitus wieder signifikant zunahmen. Etwa ab diesem Zeitpunkt stellte man fest, dass ich an Hirnermüdung litt. Ich hatte es vermutlich schon seit mehreren Jahren, aber erst als mein Gehirn nach der Operation verheilt und auf ein bestimmtes Niveau rehabilitiert war, wurde mir bewusst, dass die Müdigkeit bestehen blieb und nicht aufhören würde.

Trotzdem war es nicht schlecht, hierher zurückzukehren, in dem Sinne, dass ich zu arbeiten vermochte. Mein Wissen blieb erhalten, so dass ich immer noch mit Ergebnissen beitragen konnte. Ich war immer noch schlau genug, in einigen Zusammenhänge den Weg durch die Vorlagen und Methoden zeigen zu können, welche ich vorlegte. Für mich war jedoch eine andere Einstellung zur Arbeit notwendig, weil ich für das Geschäft nicht mehr so wichtig war. Ich musste mehr über die dankbare Richtung nachdenken. Dankbar, teilnehmen und in irgendeiner Form Beiträge leisten zu können. Dankbar, zur Arbeit gehen zu können. Dankbar, einen Job zu haben, zu dem man gehen kann.

Schwieriger wurde es, wenn grössere Umstrukturierungen vorgenommen werden sollten, wie beim Chefwechsel, der Einführung neuer Ideen und Arbeitsmethoden, dem Umbau von Räumlichkeiten und bei Umzügen. In diesem Kontext war es schwieriger zu erklären und Gehör zu bekommen, was Hirnermüdung bedeutete und welche Bedingungen ich brauchte, damit es für mich gut funktionierte. Ich erlebte, dass das Interesse der neuen Führungskräfte diese Bedürfnisse sicherzustellen, niedrig war. Es wurde leicht vergessen, zum Beispiel dass ich nach-mittags nicht arbeitete, weil ich nach Hause ging und dann schlief. Die Meetings, die dann nachmittags stattfanden, konnten ich nicht besuchen und so habe ich einige verpasst.

Die Hirnermüdung wird meistens mühsam, wenn man Menschen in seiner Nähe hat, die nichts verstehen.

Ein hirnermüdeter Mensch behält immer noch seine Begabung, seine Emotionen, ist immer noch klug und hat einen so starken Willen wie zuvor. Das Problem ist hauptsächlich, dass man nicht mehr so viel bewältigen kann und nicht mehr die gleiche Simultankapazität hat wie einst. Der Beruf ist wichtig und ein Balanceakt, damit er funktioniert. Wenn der Chef und die Kollegen bereit sind an einen zu glauben, kann es sehr gut gelingen.

Ich habe den Verdacht, dass viele Führungskräfte nicht vollständig über die Hirnermüdung informiert sind. Es hat sich als wichtig und gleichzeitig schwierig erwiesen, die Kenntnis zu verbreiten, wie ich mit meiner Hirnermüdung umgehe.

Die Hirnermüdung bleibt bestehen, aber obwohl mein Leben jetzt ganz anders ist als zuvor, habe ich immer noch die Fähigkeit und den Willen, einen Beitrag zu leisten und mitzuwirken.

In einer Welt, in der die meisten 120% arbeiten, ist es schwierig, mit einem halben Pensum mitzuhalten. Das gilt wahrscheinlich für jeden, der einen Teilzeitjob hat, nicht bloss weil man an Hirnermüdung leidet.

Ich vermeide es, schwere Aufgaben zu übernehmen. Es wird für mein Gehirn zu schwierig, viele Fäden gleichzeitig zu halten, sodass ich Teile meines vorherigen Arbeitsbereichs freigeben musste. Stattdessen kann man sich auf wenige Aufgaben oder Bereiche spezialisieren. Wenn man mit ähnlichen Sachen arbeitet, die auf dem Wissen basieren, über das man bereits verfügt, ist es leichter und man wird für das Unternehmen wertvoll. Mit einigen Führungskräften am Ruder laufen die Dinge wirklich gut. Ich bekomme Anerkennung für das, was ich tue. Mit anderen geht es schlechter. Es mag an mir liegen, aber ich denke, es hat grosse Bedeutung, in welchem Masse man bereit ist, die richtigen Bedingungen zu schaffen.

Dank meiner bisherigen Erfahrung als Vorgesetzte mit Personalverantwortung kann ich die Situation sowohl aus Sicht des Chefs als auch aus Sicht des betroffenen Mitarbeiters sehen.

Ich kann die Arbeit und die Verantwortlichkeiten eines Chefs verstehen und weiss, dass es bei Führungssaufgaben hauptsächlich darum geht, die richtigen Bedingungen für Mitarbeiter und den Betrieb zu schaffen. Es ist auch wichtig, allen Mitarbeitern zuzuhören.

In den ersten Jahren hatte ich die Unterstützung von Mitarbeitern der NeuroRehaklinik, die an Besprechungen mit dem Arbeitgeber teil-nahmen und mir halfen, zu erklären, was ich brauchte und was man erwarten konnte. Aber mit der Zeit löst sich der Kontakt und man muss es selbst klären. Es ist ganz unterschiedlich, wie interessierte Führungskräfte und Kollegen dem Betroffenen neue Möglichkeiten eröffnen. Einige sind fantastisch und tun alles, damit es funktioniert, was es auch tut. Einige kümmern sich äusserst wenig darum, das Wissen zu nutzen, das ich trotz allem habe, und andere hebeln mehr oder weniger eine Arbeitsgruppe aus.

Man sollte sich jedoch nicht zu sehr vom Verhalten anderer enttäuschen lassen. Es ist schwierig, es vollständig zu ignorieren, insbesondere wenn man eher eine demütige Person ist, aber man kann es auch üben.

Die Reise, die ich machte, ist in keiner Weise einfach. Sie war sowohl körperlich als auch geistig, sowie beruflich sehr steinig. Sich als leistungsstarke Persönlichkeit mit einem Leben als Hirnermüdete abzufinden, geschieht nicht im Handumdrehen. Die Arbeit ist jedoch ungemein wichtig, um mich als Teil der Gesellschaft zu empfinden. Ich hatte ein Gefühl der Vergeltung, das mir geholfen hat, damit um-zugehen.

Was zeichnet gute Führungskräfte in diesem Zusammenhang aus? Meiner Meinung nach fragen sie, hören zu und sind bereit, verschiedene Aufgaben testen zu lassen. Bewältigt man diese, geben sie ein gutes Feedback, das die Person stärkt. Wenn es nicht klappt, sind sie bereit, einem die Gelegenheit zu geben, eine neue Aufgabe auszuprobieren. Sie interessieren sich für das, was man leistet; stellen sicher, dass die Ergebnisse nützlich sind. Sie sehen die Qualität in dem, was man liefert und geben sie an die Gruppe weiter. Sie erkennen gute Ergebnisse an. Sie lassen einen Betroffenen die benötigte Zeit bekommen. Sie nehmen beispielsweise an Kundengesprächen teil und verstärken diese, ohne die Situation zu übernehmen. Sie halten sich im Hintergrund und lassen immer die Tür geöffnet. Das heisst, man ist jederzeit willkommen über die Arbeit zu sprechen. Sie setzen eine Frist, drängen aber nicht. Sie zeigen Vertrauen, welches Vertrauen in ihre Art und Lenkung zurückgibt.

Kein Mensch ist perfekt. Warum muss man also bei der Arbeit perfekt sein? Stellen Sie stattdessen sicher, dass Sie die Arbeit an das anpassen, womit sich die Personalressource wohl fühlt. Unabhängig von der Behinderung oder nicht, ist es wichtig, dass sich die Menschen gesehen fühlen, dass mit ihnen gerechnet wird und dass als positiver Nebeneffekt die Produktivität in der Organisation garantiert steigt.

27 Danksagung

Mein Dank geht an Per, Johan, Anna und Sara, mit mehreren im Gesundheitswesen! Ihr, welche mich sowohl akut als auch in den folgenden Jahren unterstützt habt und immer da wart, wenn Ihr gebraucht wurdet. Ihr habt meine Fähigkeiten gesehen, verstanden und weiterhin vertraut.

Vielen Dank an Lasse, Henrik und Anna, die wirklich an mich geglaubt haben, als ich wieder arbeiten wollte. Vielen Dank an alle anderen Chefs, Vorgesetzten und HR-Mitarbeiter. Einige von Euch haben gut gehandelt. Aber auch danke an diejenigen, die anders hätten handeln können. Ihr habt dazu beigetragen, mein Wissen über mich und andere Menschen auf ganz besondere Weise zu erweitern, vielleicht nicht immer so amüsant, aber trotzdem. Dank euch allen ist dieses Buch verwirklicht worden.

Herzlichen Dank Micke, Niklas und Tobias, dass Ihr meinen Alltag und mein Leben vergoldet habt.

Danke denen, die geblieben und meine Freunde sind, wenn es mühsam ist. Ohne Euch wäre es unmöglich gewesen, zurück zu kehren.

Danke auch allen, die verschwunden sind. Sie haben mich mehr über die menschliche Psyche und den Lebensbedingungen gelehrt. Ich beschuldige niemanden, aber es wäre mir ehrlichkeitshalber lieber gewesen, Ihr wärt geblieben.

Ein grosser Dank gilt dem Segeln, das mir klar machte, dass es sich lohnt, für das Leben zu kämpfen, und das mir Kraft, Energie und Freiheit von Begrenzungen gibt.

Danke liebe Anna, ohne mich und meine Sturheit wäre ich nie so weit gekommen. ☺

Vielen Dank auch an Sie, die an der Produktion dieses Buches mitgewirkt haben, Ann, Peter, Kris und die Teilnehmer des Projekts "Von der Buchidee zur Buchmesse".

Lieben Dank für die Übersetzung ins Deutsche.

28 Referenzen

"När hjärnan inte orkar – om hjärntrötthet" (Wenn das Gehirn nicht zurechtkommt - Über Hirnermüdung) von Birgitta Johansson und Lars Rönnbäck, Recito förlag AB 2014.